지금보다 괜찮은 어른

지금보다 괜찮은 어른

좋은 어른이 되고 싶은
내게 던지는 인생의 질문들

김혜민 지음

시크릿하우스

추천의 글

대한민국에서 제대로 된 어른으로 사는 건 쉽지 않은 일이다. 젊은 후배들을 볼 때마다 미안하고 그들이 안쓰럽다. 김혜민 피디는 좋은 어른이 어떤 존재인지 어떤 역할을 해야 하는지 늘 고민하는 친구다. 그의 고민을 이 책을 읽는 많은 독자들이 함께 나누고, 답을 같이 찾아갔으면 좋겠다. 그리고 그 고민의 끝에는 오늘의 어른보다 훨씬 더 좋은 어른이 많은 사회가 되면 좋겠다. ◊ **박용만(자유인, 대한상의 명예회장)**

선하고 즐거운 쪽으로 열정과 에너지를 쏟는 김혜민 피디. 그녀는 나를 자꾸 어른이라 칭한다. 게다가 나를 따라 좋은 어른이 되겠노라 엄포까지 늘어놓는다. 큰일이다. 그러다가 그녀의 새 책을 읽었다. 웃음만큼 눈물도 많던 그녀는 우리에게 웃음과 눈물이 담긴 지혜와 감동을 어른스레 선사하고 있었다. 그래서 그녀를 믿기로 했다. 간절히 바라고 진정으로 애쓰면 누구든 괜찮은 어른이 될 수 있다는 것을. 젊은 나도 그녀를 따라 멋진 어른이 되기 위해 좀 더 노력하기로 했다. ◊ 정재찬(한양대학교 교수, 《시를 잊은 그대에게》 저자)

슬픔의 끝에는 항상 김혜민의 마이크가 있었다. 그럼에도 불구하고 매일을 추스리며, 깔끔한 하이 텐션으로 자신이 누린 행운과 사명을 복기하는 사람. 그늘 없는 김혜민이 그늘 많은 자들과 어울려 빚어내는 풍경은, 어느 한군데 뭉치거나 뭉개지지 않아 개운했다. 편견 없이, 정확하게 감탄하며. 그가 일하는 라디오 속 코러스 드라마처럼, 오늘도 내일도 '떳떳하게 하늘의 귀여움을 받아내는' 그 억세게 사랑스러운 어른 되기의 비법이 여기 있다! ◊ 김지수(조선비즈 〈김지수의 인터스텔라〉 문화전문기자, 《이어령의 마지막 수업》 저자)

김혜민 피디는 수다쟁이다. 게다가 '하이 텐션'이다. 만나면 마음 산만할 것 같지만 그 반대, 오히려 마음 편하다. 그 역설의 이유 이젠 안다. 김 피디 말에는 지식을 뽐내는 논평, 타인에 대한 평가가 별로 없다. 자기 눈앞의 사람에 대한 성실한 반응, 그게 김 피디 수다의 핵심이다. 노력을 알아주는 감탄사, 좌절을 포용하는 격려, 어쨌든 당신 편이란 노골적인 신호인 화끈한 웃음 등 말이다.
이런 건 타인의 마음을 깊이 헤아려본 사람만이 할 수 있는, 속이 훤히 들여다보이는 반응이다. 세상 논평은 잘하지만, 자기 속은 좀처럼 보여주지 않는 사람에게서는 찾기 힘든 어떤 투명함. 김 피디는 여전히 그걸 갖고 있다. 기회가 되면 그 나이 먹고도 그렇게 속을 잘 보여주면 피곤하지 않느냐고 김 피디에게 물어봐야겠다. 물론 답 듣기는 쉽지 않을 거다. 김혜민은 또 내 이야기 들어주고 감탄하느라 바쁠 테니까.

◊ 박상규(기자, 탐사 보도 전문 매체 〈셜록〉 대표)

김혜민 피디는 자신을 긍정하는 사람입니다. 선입 없이 세상을 바라보는 그의 가장 큰 힘은 긍정에서 나오는 듯합니다. 그것이 무엇이든, 상대가 누구든, 나를 잃지 않고 온전히 통과해내는. 동시에 김혜민 피디는 자신을 부정하는 사람입니다. 반성 가득, 시간을 돌아보는 그의 가장 큰 힘은 부정에서 나오는 듯합니다. 그러니 무엇이든, 상대가 누구든, 쉽게 넘겨보는 법이 없습니다. 이 긍정과 부정의 힘으로 여기까지 왔습니다. 물론 더 멀리 나아갈 것입니다. ◊ 박준(시인, 《당신의 이름을 지어다가 며칠은 먹었다》 저자)

김혜민 피디가 한 사람이라서 아쉽다. 거리마다 동네마다 이런 어른이 살고 있다면 좋을 텐데. 그는 이 정도면 괜찮다고 말하지 않는 사람이다. 슬픈 이야기들을 너무 많이 알고 있기 때문이다. 그에게는 언제나 마음에 걸리는 일들이 있다. 우리가 지키지 못한 약하고 소중한 것들에 대한 이야기, 앞으로는 모든 것을 걸고 지킬 그것들에 대한 이야기가 강물처럼 출렁인다. 지금보다 나은 선배, 시민, 이웃, 아내, 엄마, 언니, 그리고 피디가 되자는 그의 다짐은 그래서 바닥날 수 없다. 보통 사람보다 많이 보고 듣고 묻고 울고 헤아리느라 그의 눈가가 자주 시리지 않을지 걱정된다. 내가 뭉클한 마음으로 바라보면 그는 늘 해사하게 웃는다. 그리고 최고의 격려만을 돌려준다. 너는 희망 속에서 고운 길만 걸으라는 듯이. 하지만 삶에 가시밭과 구렁텅이가 나타나기 마련임을 그도 잘 알 것이다. 그런 날에 그에게 전화를 걸고 싶다. 그는 아름다운 이야기들도 너무 많이 알고 있는 사람이므로. ◊ 이슬아(작가, 헤엄 출판사 대표)

내가 생각하는 '어른다운 어른'은 그저 훌륭하고 성공한 사람이 아니다. 성공의 발판을 닦아 다음 세대를 위한 롤 모델이 되어주는 사람도 아니다. 끊임없이 묻고 통찰함으로써 자신과 타인을 사랑할 줄 아는 사람. 다른 사람의 짐을 함께 짊어짐으로써 낮은 곳과 이면을 볼 줄 아는 사람. 그럴 때 충만함과 참 기쁨을 누릴 줄 아는 사람. 이런 사람이 바로 내가 생각하는 '어른다운 어른'이다. 더 나은 사람이 되기 위한 초석, 어둠 속에 갇혀있던 내게 손 내밀어 준 진짜 어른, 김혜민 피디님은 내가 만난 참 좋은 어른이다. ◊ 박예송, CBS TV 〈새롭게 하소서〉 작가

스물한 살, 갑자기 주어진 어른이란 이름표에 적응하지 못할 때였다. 롤 모델이 필요했다. 김혜민 피디님을 만나 진짜 어른이란 무엇일까 물었고, 피디님은 같이 찾아보자 답했다. 피디님은 롤 모델 대신 페이스메이커가 되겠다 했다. 어른이 되기 위한 나의 여정에 피디님은 끈

질긴 긍정을 전해 주셨고, 덕분에 나는 나인 채로 어른이 되어가는 중이다. 나에게 어른이란 인생에 대한 해답을 주는 사람도, 식당을 나설 때 지갑을 여는 사람도 아니다. 어른이 뭔지 함께 고민해주는 사람이다. 진짜 어른이란 무엇일까 고민하고 있는 사람이라면, 어른이 되기 위한 여정에 있는 사람이라면, 이 책과 함께하길 바란다. ◊ **정원진, 북저널리즘 에디터**

김혜민 피디님을 처음 뵀던 봄, 사람을 향한 애정이 피디님의 눈과 말을 통해 느껴졌다. 방송을 같이하며 그 애정들은 파도가 되어 내 안에 있던 타인에 대한 무관심을 서서히 깨뜨렸다. 언젠가 겨울바람처럼 모든 것이 시리던 시기가 있었다. 혜민 피디님은 날 위해 기꺼이 본인의 과거를 꺼내시곤 중심을 잡고 유연하게 흔들리는 것에 대해 이야기해주셨다. 혜민 피디님과 함께한 계절들로 나는 나의 계절을 돌아보고, 소중해하고, 사랑해주는 게 무엇인지 깨달았다. 그리고 느꼈다. 타인의 계절과 타인을, 본인 스스로 사랑해도 된다고 말해주고 또 들어주는 사람이 어른다운 어른이라는 것을. ◊ **백지원, 국방FM 〈조갑경의 오늘도 좋은날〉 작가**

누군가에게 존중받는다는 건, 특히 나보다 나이가 많은 사람에게 온전히 존중받는다는 건 생각보다 흔치 않은 경험이다. 그들이 꼰대라거나 틀려서가 아니라 다르기 때문이다. 살아온 방식과 환경이 다른 데, 어린 날 온전히 이해하는 게 어찌 당연할까.

사회에 던져진 내게 우리 엄마 말고 오롯이 내 생각과 의견을 존중해 주는 어른을 만났다. 나이를 먹었다고 모두 어른이 된다고 생각하지 않는다. 진정한 어른은 상대와 생각이 달라도 서로의 다름을 인정하고 상대를 있는 그대로 봐주는 사람이라고 생각한다. 그런 어른을 만나서 그를 멘토로 삼기로 했다. 그리고, 그런 '어른'의 생각이 이 책에도 고스란히 담겨 있다. ◊ **금휘수, YTN라디오 〈이재윤의 뉴스 정면승부〉 작가**

프롤로그

우리는 정말 괜찮은 어른이 되었을까

스무 살, 그렇게 되고 싶었던 어른이 됐다.

어른. 영어로는 adult. 다 자라서 자기 일에 책임을 지는 사람이다. 나도 어른이 되면 내 생각도 삶도 완전해질 줄 알았지만, 어른 21년 차가 넘은 40대가 된 지금도 나는 여전히 어른답지 못한 생각과 행동을 계속한다.

20대에는 어른으로 자립하기 위해 먹고살기 위한 방도를 찾느라 정신이 없었고, 30대에는 결혼과 출산, 육아를 하느라 진짜 어른의 삶을 생각해 볼 여력이 없었다. 40대에 들어서서야 아이들에게 손도 적게 가고 하는 일도 익숙해졌다. 이제야 내 삶을 돌아보니 나는 여전히 유아기적인 사고와 행동을 하는 철부지 어린아이와 같다.

만약 지금 20대의 나를 길거리에서 만난다면 '쯧쯧쯧'하고 혀를 찰 것 같고, 순간순간 머릿속을 비집고 들어오는 과거 내 모습과 발언들이 부끄러워 얼굴이 화끈거릴 때가 한두 번이 아니다. 그나마 그때의 내 모습이 창피한 줄 깨달은 것은 이제 내가 '진짜 어른'이 될 준비가 됐다는 것이 아닐까 위안해본다.

나는 나의 마흔을 '어른의 문턱'이라 부르고 싶다. 생물학적, 법적 어른이 아니라 진짜 어른이 돼가는 시간으로 정의하고 싶다. '이제 정말 어른이 되고 싶다'라는 소원대로 어른으로 잘 지어지는 나 자신을 그려보고, 지금 내가 해야 할 것을 정리해 보고 싶었다. 그러면 미혹되지 않는다는 '불혹(不惑)'까지는 아니더라도, 홀로 있을 때도 도리에 어긋남이 없다는 '신독(愼獨)'은 할 수 있지 않을까.

우리는 아무것도 모르는 벌거숭이로 태어나 생존하는 방법뿐 아니라, 인간답게, 행복하게, 건강하게 살기 위한 태도를 배운다. 태도는 다른 말로 하면 삶을 살아가는 방법, 사람을 대하는 방법이기에 자신의 태도가 앞으로의 자신의 인생과 인간관계를 만들어갈 것이다.

어른으로서 나 자신과 타인, 공동체를 어떻게 대해야 하는지, 내가 속한 이 나라와 지구에서 일어나는 일들을 어떤 태도로 바라보고 행동해야 하는지 고민하고 질문을 던진다면 좋은 어른이 될 수 있다는 믿음으로 이 책을 쓰게 됐다. 나의 첫 책 《눈 떠보니 50》은 이미 좋은 어른이라 불리는 인생 선배들의 뒤를 좇아갔다면, 이 책은 좋은 어른이라 불리고 싶은 내가 질문을 던지고 해답을 찾아가는 여정을 담은 책이다. 감사하게도 나는 언론인으로 살면서 남들보다 더 많은 질문과 의문을 던지고 받고 살아가고 있다. 그 과정에서 내가 조금씩은 좋은 어른으로 성장하고 있지는 않을까…라는 조심스러운 자신감이 용기를 주었다.

책을 여는 당신에게 꼭 당부하고 싶은 말이 있다. 나는 절대로 이 책에 쓴 만큼 잘 살지 못했고, 잘 살아가지 못할 것이다. 쓰다 보니 내 태도와 관점에 대한 과장과 포장이 있었음을 고백한다. 그저 이렇게 살고 싶다는 저자의 바람과 결심 정도라고 이해해주길 바란다. 이 책은 자기계발서도 아니고 조언서도 아니다. 인생을 가속시키는 액셀 같은 책이기보다는 인생을 멈추고 돌아보는 브레이크 같은 책이길 원한다.

고작 마흔 주제에 인생과 어른에 대해 논한다는 것이 얼마나 건방진 일이며, 몇 년 지나지 않아 이 책을 다시 읽으면 초등학교 때 일기장을 읽는 것처럼 부끄러워할 것이라는 걸 잘 안다. 그럼에도 몇 년간 끄적였던 원고를 묶어 책으로 내야겠다고 결심한 것은, 새싹 어른인 20대 후배들 덕분이었다. "믿을 만한 어른이 없다, 닮고 싶은 어른이 없다"는 그들의 푸념에 어른으로서 응답하고 싶었다. 시대의 지성 찰스 핸디는 손주들을 위해 지은 책《삶이 던지는 질문은 언제나 같다》에 "이 편지들에는 내가 너희 나이였을 때, 즉 내가 세상에 나가 삶과 직접 부딪치며 나만의 미래를 만들어가기 전에 알았으면 좋았을 것들이 담겨있다"라고 썼다. 찰스 핸디만큼의 연륜도 경험도 없는 나지만, 아직은 어른 21년 차 밖에 안 된 어른이지만, 갓 어른이 된 후배들에게 전하는 말들이 그들에게 조금은 숨 쉴 틈과 숨을 곳이 되어주지 않을까 하는 마음으로 이 작업을 시작하게 됐다.

나이가 들면서 오감은 생물학적으로 퇴화되지만 지적 감각과 영적 감각은 세밀해지는 것을 경험하고 싶어 틈나는 대로 보고 듣고 말하고 기록한다. 그러다 보면 불편하지 않았던 사실이 불편해지고, 보이지 않았던 사람과 몰랐던 진실이 보이고, 관심을 두지 않았던 곳에 연대와 환대라는 오지랖이 펼쳐지는 기적이 일어난다. 나는 그것을 어른이 돼가는 과정, '어른 ing'라고 정의하고 싶다.

이 책의 모든 내용은 나 혼자 고민하고 얻은 결과물이 아니다. 내가 맞닥뜨린 수많은 문제들, 그 문제들의 중심과 외곽에 있던 사람들로부터 직간접적으로 얻은 열매다. 단 한 가지도 온전히 혼자의 힘으로 할 수 없다는 진리를 뼈저리게 깨닫는 것이 어른이 가져야 하는 기본적인 태도다.

◇◇◇

내가 만난 내 인생의 첫 어른인 나의 부모님 김향원, 최영화 님께 마음 깊은 감사를 드린다. 나의 것 중 어느 것 하나도 그들의 모습을 닮지 않은 것이 없다. 두 분이 나의 부모인 것이 내 인생에서 받은 가장 큰 축복이다. 그리고 세상에서 제일 어려운 어른이라는 시어머니가 내게는 가장 편하고 든든한 뒷배다. 고단한 삶 가운데서도 존엄하게 살아온 박성미 님의 삶에 존경을 표한다.

더 좋은 어른이 되기 위해 함께 고민하고 끊임없이 토론하는 나의 파트너 제주철 님, 그리고 나를 더 좋은 어른으로 살고 싶게 하는 나의 아들 연우와 딸 연서에게 지구상의 모든 언어를 빌려 사랑하고 또 사랑한다고 말하고 싶다. 그리고 내 원고의 첫 독자가 되어 준 올케 조빛나 님에게도 다정한 인사를 전한다.

마지막으로, 때를 따라 돕는 은혜를 늘 베푸시는 하나님께 이 책과 함께 앞으로 어른으로서의 나의 남은 삶을 맡긴다.

2022년과 2023년 사이에서

어른 21년 차, 마흔하나 김혜민

차례

Part 2.

그런 어른들처럼 나이 들긴 싫었다

Part 3.

나만을 위한 것에서 우리를 위한 것으로

Part 5.

태도가 변하면 삶이 된다

Part 1.

좋은 선택이 좋은 인생을 끌고 온다

좋은 어른이란

상대방을 존중하는 마음이

가득한 사람.

좋은 생활인

꿈을 대하는 태도

"엄마는 꿈이 뭐예요?"

너무 오랜만에 들어본 질문이었다. "없어"라고 답하자니 아무 생각 없어 보이고, "꿈은 어린이만 갖는 거야"라고 말하려니 꼰대 같아 보인다. 그렇다고 "엄마는 세계적인 피디가 되는 거야"라고 답하자니 유치하기 짝이 없고.

어릴 때 목사님은 '세계적인 인물이 되게 해달라', '민족의 어머니가 되게 해달라'라는 기도를 해줬다. 물론 나만 받는 축복기도도 아니었고, 우리 목사님만 하는 기도 내용도 아니었다. 만약 하나님이 목사님들의 이런 기도를 다 들어 주셨다면, 우리나라에는 세계적인 인물이 넘쳐났을 것이다. 나 역시 1등은 하지도 못하고 할 생각도 없으면서 "하나님. 세계적인 인물이 되게 해주세요. 닭의 머리가 되느니 뱀의 꼬리가 되겠어요"라며 어른들의 기도를 따라했다. 돌아보면 그건 기도가 아닌 주문이었다.

대한민국에서 세계적인 인물이 되려면 어떻게 해야 하는가? 먼저 세계적인 대학은 못 가더라도 국내 명문대 입학은 해야 한다. 명문대를 들어가려면 어떻게 해야 하는가? 초등학교 1학년, 여덟 살 때부터 1등 자리를 놓치면 안 된다. 1등을 해본 적이 없어서 몰랐는데, 아이를 키워보니 알겠다. 1등을 하려면 넘쳐나는 에너지를 견디다 못해 팔딱팔딱 뛰어야 하는 나이에, 성장 호르몬이 흘러넘쳐 탱탱볼처럼 엉뚱하게 튀어야 하는 때에 꼼짝도 하지 않고 학원 차와 책상 앞에 앉아있어야 한다.

그렇게 1등으로 살다가 1등들을 모아둔 명문대에 들어간다. 그리고 전국 각지에서 몰려든 1등과 경쟁하는 진짜 경주가 시작된다. 내가 1등인 줄 알았는데, 아니었다. 더 충격적인 건 세상은 그들과의 경쟁만이 아니라는 사실이다. 고등학교 때 끝이 보이지 않았던 꼴등도 나와 함께 경쟁한다. 심지어 그 꼴등이 나보다 더 경쟁력이 있다. 내 상사가 될 때도 있다. 그제야 명문대 입학이 첫 키는 될 수 있을지 몰라도 마스터키는 될 수 없음을 알게 된다. 이 얼마나 억울한 일이란 말인가?

네가 1등하는 게 엄마의 꿈이야

부모들은 자신이 1등을 했든 꼴등을 했든 자신의 아이가 1등을 하길 바라는 꿈을 꾼다. 부모들은 아이가 최소한 자신만큼은 해내기를 꿈꾼다. 엄마가 일곱 살에 알파벳을 읽었으면 아이도 그때 읽기를 바라고, 엄마가 서울대를 나왔다면 아이도 서울대는 거뜬하게 입학할 것이라고 생각한다. 사실은 서울대를 나오지 못한 엄마도 내 아이는 서울대에 들어갈 수 있다고 여긴다. "너는 나보다 훨씬 좋은 환경에서 많은 지원을 받는데 왜 나보다 못해?"라고 생각하기 때문이다. 나와 전혀 다른 개별적인 존재인 아이의 시작을 엄마의 기준으로 제멋대로 정한다. 여기서부터 부모의 꿈이 아이에게 투영된다. 정확히 말하자면 '꿈'이 아닌 '욕망'이 그대로 반영된다.

숙명여고 쌍둥이 시험지 유출사건은 부모로서 내가 꼽는 최악의 사건 중 하나다. 강남구에 있는 숙명여고의 교무부장인 아버지가 2년 동안 같은 학교에 재학 중인 쌍둥이 딸들에게 시험지를 유출했다. 설상가상으로 쌍둥이 자매는 취재진을 향해 가운뎃손가락을 드는 욕을 하고, 재판 내내 무죄를 주장하면서 "검사님이 말하는 정의가 무엇인지 도무지 알 수 없다"고 해 공분을 샀다.

재판부는 "범행 당시 만 15~16세였고, 현재도 소년범이 정한 소년으로 인격 형성 과정에 있다"고 말했다. 도둑도 자기 자식에겐 도둑질은 안 가르친다던데 아버지는 딸들에게 무엇을 가르친 걸까. 1등을 시키겠다고 행한 불법이 딸들의 인생을 꼴등으로 만들었다는 것을 그는 몰랐을까. 딸들이 아버지에게 "아빠 꿈이 뭐예요?"라고 물었다면 "너희들이 1등 하는거야"라고 답했을까. 아버지의 꿈이 딸들과 함께 감옥에 가는 것은 아니었을텐데 말이다.

1등으로 살지 않은 엄마의 특권일지도 모르겠지만, 나는 아이들의 1등은 꿈도 꾸지 않을뿐더러 요구하지도 않는다. 왜냐하면 1등으로 살지 않아서 더 많은 것을 보고 느꼈고, 바로 그것이 나의 행복과 힘이라는 것을 알기 때문이다. 앞으로도 나의 꿈은 1등 엄마, 1등 피디, 1등 아내가 아니다.

엄마 꿈은 '좋은 생활인'이 되는 거란다

내 꿈은 단순하고 단단하고 단아하게 사는 '좋은 생활인'이다. 〈단순하게 단단하게 단아하게〉라는 박노해 시인의 시는 좋은 생활인의 삶의 태도를 말해준다. 시인은 단순한 살림으로 삶은 풍요롭고, 단단한 내면으로 앞은 희망차고, 단아한 기품으로 주위가 다 눈이 부시다고 노래했다.

나에게 단순한 살림은 '생계' 걱정을 넘어서 '생활'을 할 수 있을 정도의 안정적인 경제력을 말한다. 과도한 욕심만 부리지 않으면 인생을 충분히 누릴 수 있다. 예를 들어 자동차의 유무는 삶의 모습을 대단히 많이 바꾸지만, 소형차든 재벌 회장의 외제 차든 삶의 질에 있어서는 큰 차이가 없다.

물론 '좋은 생활인'은 이런 조건만으로 이룰 수 있는 꿈은 아니다. 인생에 일어나는 모든 일들과 느끼는 감정을 모두 '생활'로 받아들이는 일상의 득도함이 필요하다. 나의 첫 번째 책 《눈 떠보니 50》에 나온 인터뷰이들은 1등을 하겠다는 각오나 빅픽처를 그리지 않았다. 목표 지향적인 사람보다 목적 지향적인 사람들이 더 많았다. 순간순간 단순하고 단단하게, 그렇게 당연하게 자신이 옳다고 생각하는 대로 행동했다. 정상에 오르는 것이 목표가 아니라, 오늘 나의 한걸음이 산을 오르기 위한 올바른 방향이길 바랐다. 일상이 만사라는 생각으로, 단순하고 단단하고 단아하게, 그렇게 모두는 자신의 생활에 충실한 좋은 생활인들이었다.

나는 많은 사람들이 거대한 목표가 지배하는 인생이 아닌, 삶의 소소한 계획을 쌓아가는 인생을 만들어가면 좋겠다. 행복은 강도가 아니라 빈도라 하지 않던가. 대통령, 건물주, 과학자 등 원대한 꿈을 말했던 어린 시절이었지만 이제는 "당신의 꿈은 무엇입니까?"라는 질문에 "제 꿈은 좋은 생활인입니다"라고 말하는 사람들이 많았으면 좋겠다.

꽃비가 내리던 봄날, 급하게 배달을 가던 오토바이가 갑자기 멈춰 서다 넘어질 뻔했다. 신경질도 낼 만한데 배달기사 청년은 막 벙글기 시작한 목련꽃을 찍는다. 이문재 시인의 시 〈봄날〉의 한 장면이다. 그 청년은 좋은 생활인이 분명하다. 시인의 말처럼 좋은 생활인의 날은 독한 마라탕이나 매운탕이 아닌, "계란탕처럼 순한 봄날 이른 저녁"이 반복될 것이다. 하루를 행복하게 사는 생활인이 된다면 일생이 행복한 승리자다.

너 자신을 알라

자신을 아는 태도

어른이 될수록 선택의 중요성에 대해 실감한다. 좋은 선택이 좋은 인생을 끌고 오기 때문이다. 이처럼 후회 없고 현명한 선택을 위해서는 자신에 대해 잘 알아야 하는 선제 조건이 있다. 내가 좋아하는 사람과 일은 무엇인지, 나의 취향은 무엇인지, 또한 어떤 것을 싫어하고 못 견디는지 명확하게 알고 있어야 한다.

특히 내 인생의 많은 부분을 결정하는 배우자와 직업의 경우, 나의 장점을 극대화하고 약점을 최소화할 수 있는 선택을 해야 두고두고 삶이 편안하다. 하지만 모두가 점쟁이처럼 자신을 잘 알아서 딱 맞는 짝을 만나고 일자리를 구하는 것은 아니다. 게다가 지금 와서 최선의 선택이 아니었다고 무를 수도 없는 일이 더 많다. 지금이라도 자신에 대해 알아간다면 최악의 선택을 차악으로라도 바꿀 수 있는 기회가 반드시 온다. 어른으로 살면서 자신을 안다는 것은 생각보다 꽤 강력한 무기이며 힘이기 때문이다.

나를 알아야
나를 지킬 수 있다

자존감과 회복탄력성은 인생을 살면서 꼭 가져야 하는 초능력이다. 초능력이라고 표현한 이유는 이 힘들은 눈에 보이지 않고 힘의 크기를 가늠할 수도 없지만, 이 능력이 발휘되면 폐허가 살아나는 기적이 일어나기 때문이다. 자존감과 회복탄력성이라는 무기는 자신에 대해 알면 알수록 더욱 강해질 수 있다. 부족한 나를 알면 오히려 더 쪼그라든다고? 그렇지 않다. 나의 단점과 부족함을 알게 되면 부정적인 상황에서도 적절한 대응을 통해 자신의 감정을 조절할 수 있다. 타인의 과도한 비난이나 일의 실패 속에 나를 지키고 구원할 수 있는 건 결국 나 자신뿐이기 때문이다.

일하면서 더럽고 치사한 꼴을 한두 번 보는 것이 아니지만, 그때마다 일을 때려치울 수는 없는 노릇이다. 그때마다 나는 나를 살핀다. 내 마음을 지켜보고 내 몸을 관찰한다. 감정의 풍랑 속에서 내 마음을 살피는 일이 쉽지 않을 때에는 내 마음속을 시각화하기도 한다. 늘 정량의 물을 찰랑거리게 담고 있는 컵처럼, 내 안에 비커를 두고 저 인간이 하는 악담이 내 마음을 지배하지 못할 정도로, 내 일의 실패가 나를 넘어뜨리지 못할 정도로 수위를 조절한다. 그러다 내가 만든 기준치를 넘어서면 나는 주저하지 않고 나를 지키기 위한 또 다른 선택을 한다.

'간절한 꿈을 이루기 위해 한 번쯤 나를 버려도 되겠지', '생계를 유지하기 위해 저 사람의 무례함에 눈감아도 되겠지'라는 생각은 잘못된 것이다. 어느 것도 나의 존재보다 이상이 될 수 없다. 나를 알면 존재의 우선순위를 두게 되며, 나를 지키는 일에는 어떤 것도 타협하지 않게 된다.

자신을 알아야
타인도 지킬 수 있다

어른이 자신을 알고 자신을 지키는 것이 중요한 이유는, 자신뿐 아니라 타인도 지킬 수 있기 때문이다. 갑질은 자신이 누구인지, 타인이 어떤 존재인지 제대로 파악하고 있지 못하기 때문에 발생한다. 자신은 항공사 사장일 뿐 직원들의 주인이 아니라는 사실, 상대방은 직원일 뿐 노예가 아니라는 사실을 모르기에 '땅콩 회항' 같은 천박한 짓을 그리도 당당하게 했던 것 아니겠는가.

스웨덴에는 '얀테라겐(Jantelagen)'이라는 독특한 가치가 있다. '얀테의 법칙'이라는 뜻인데, 여기엔 '남보다 뛰어나다고 생각하지 말라'는 의미가 담겨 있다. 빼어난 한 사람이 사회를 리드해 가는 것이 아니라, 구성원 전원이 모두가 주인공이 되는 삶을 지향하는 북유럽의 문화가 담겨 있다.

1. 당신이 특별하다고 생각하지 말 것.
2. 당신이 좋은 사람이라고 생각하지 말 것.
3. 당신이 더 현명하다고 생각하지 말 것.
4. 당신이 더 나은 존재라고 상상하지 말 것.
5. 당신이 더 많이 안다고 생각하지 말 것.
6. 당신이 더 우월하다고 생각하지 말 것.
7. 당신이 무엇이든 잘한다고 생각하지 말 것.
8. 우리를 비웃지 말 것.
9. 모두가 당신을 배려해야 한다고 생각하지 말 것.
10. 우리를 가르칠 수 있다고 생각하지 말 것.

나는 이 항목들을 '너 자신을 알라'라는 문장으로 요약했다. 젊을 때는 나의 장점과 에너지, 취향, 특징에 대해 스스로 잘 알고 최대한 진가를 발휘해야 한다. 나를 긍정하는 일은 건강하고 옳은 방향으로 생을 살 수 있는 원료가 되기 때문이다. 하지만 나이를 먹을수록 나의 단점과 부족함을 알고 최대한 힘을 조율해야 한다. 주제 파악 역시 건강하고 옳은 방향으로 생을 살 수 있도록 하는 원료가 돼준다. 무엇보다 사람들과 어울려 살 수 있는 노년을 허락해준다.

개그맨 정형돈은 '웃기지 않는 개그맨'이라는 비판을 받고 괴로워 〈무한도전〉을 하차하려고 했던 적이 있었다. 그런 그가 어느 순간 자신은 웃기지 않은 개그맨임을 인정하게 됐다. 그 후부터 편안한 마음으로 자신의 이야기, 유머를 구사했고 결국 무한도전에서 없어서는 안 될 미친 존재감이 됐다. 개그우먼 김지선은 〈세바퀴〉에 출연 중일 때 슬럼프에 빠졌던 경험을 털어놓은 적이 있다. 이경실, 조혜련 등 입담이 대단한 개그우먼들 속에서 자신은 그들만큼 존재감이 없다는 사실 때문에 풀이 죽었는데, 그때 이영자 씨가 이렇게 답을 했다고 한다.

"너는 국민 며느리여, 넌 웃길 필요가 없어. 우리가 웃기면 넌 그냥 웃어. 그러면 시청자들이 널 보고 웃는 겨." 이 말을 듣고 김지선은 '세바퀴에서 나만의 역할이 있구나'를 깨달았다.

지금 우리 사회를 지배하고 있는 지나친 경쟁과 반목, 냉소와 이기심은 결국 우리가 스스로에 대해 잘 모르기 때문이다. 나의 성품과 가치가 얼마나 뛰어나고 내게 주어진 것이 얼마나 큰지를 모르는 자신과, 내가 가진 성품과 능력이 얼마나 보잘것없고 초라한지 모르는 자신이 서로 할퀴고 싸워 만든 결과다.

방송국에서 일하고 싶어 하는 20대 어른들이 내게 피디가 되는 법, 방송국에 입사하는 법을 물어올 때가 있다. 그런 친구들에게 나는 "너는 왜 방송국에 들어가고 싶니? 왜 피디가 되고 싶니?"라는 질문 대신, "너는 자신에 대해 잘 아니?"라고 먼저 묻는다. 그러면 그들은 역공을 당한 사람처럼 당황한다.

"하고 싶은 일을 찾기 전에, 너에 대해서 먼저 알아봐. 어떤 일이어도 상관없어. 다양한 경험을 하다 보면, 네가 좋아하는 일과 싫어하는 일이 보일 거야. 그것으로 충분해."

당신이 지금 몇 살이든 자신에 대해 알아가는 것을 포기하지 말기 바란다. 자신이 얼마나 대단하면서 동시에 보잘것없는지 모르겠다면, 지금 자신을 알아가는 여정을 떠나라. 그 여행의 끝에는 자신을 화려하게 꾸미지 않아도 되고, 자신의 처지보다 과하게 행동할 필요 없는 적당함과 안온함이 기다릴 것이다.

친절함을 선택하라

친절을 대하는 태도

살다 보면 성공하기 위해 애를 쓰며 갖춰온 스펙의 무용론을 주장하고 싶을 때가 있다. 물론 학벌, 외모, 능력 같은 요소들이 성공에 도움을 주긴 하지만, 과연 그걸 갖추기 위해 죽도록 노력한 만큼의 효능이 있을까? 설사 효능이 있다 해도, 그것이 진짜 나를 행복하게 하는가라고 되물으면 글쎄… 확신이 없다. 지속 가능한 행복을 만들어주는 진짜 스펙은 무엇일까.

> 힘겨운 싸움을 하는 모든 이들에게 친절하라. 그리고 다른 사람들이 어떤지 정말 알고 싶다면 오직 바라보는 것이다.
>
> – 영화 〈원더〉 중에서

영화 〈원더〉는 안면 기형인 어기가 세상과 맞서 자신을 긍정하고 인생을 살아가는 내용이다. 물론 이 과정은 좌절과 투쟁의 연속이다. 하지만 어기 옆에는 늘 친절한 사람들이 있었다. 외모를 놀리는 대다수의 친구들 중에서도 함께 밥을 먹어 준 한두 명의 친구들이 꼭 있었고, 조용하지만 강력하게 어기의 학교생활을 지켜주는 선생님들이 있었다. 어기를 괴롭힌 아이의 부모에게 "외모는 바꿀 수 없으니 우리의 생각을 바꿔야죠"라고 말한 교장 선생님도 있었고, "옳음과 친절함 중 하나를 선택해야 할 때는 친절함을 선택하라"며 학생들에게 동정이 아닌 친절을 가르쳐 준 담임 선생님도 있었다.

타인의 친절 덕분에 어기는 마침내 자신에게 친절할 수 있었다. 외모에 대해 묻는 친구들에게 날 선 반응 대신 스물일곱 번의 성형수술을 한 결과가 이 정도라며 으쓱하는 여유가 생겼고, 처음으로 집을 떠나 친구들과 캠프를 갈 수 있는 용기도 생겼다. 이렇게 친절은 긍정으로 연결된다. 영화 제목처럼 친절은 어기를 '원더(경이로움, 기적)' 그 자체로 만들었다.

《카인드》의 저자 도나 캐머런은 아주 작은 친절의 힘을 깨닫고 1년 동안 친절한 사람이 되기로 결심한 후 자신의 변화 과정을 기록했다. 저자는 친절한 일상 덕에 매일이 행복했고, 생각도 단순해졌으며, 자신감까지 생겨 인간관계는 물론 비즈니스에도 최소한의 에너지로 큰 성과를 이룰 수 있었다고 기록했다.

우주의 기운 대신
친절함으로

어떻게 친절 하나로 이렇게 큰 성과를 이룰 수 있을까. 아이들이 식당에 밥을 먹으러 갈 때나 낯선 사람을 만날 때 "엄마, 저분 착한 것 같아"라고 표현하는 경우는 대부분 친절한 사람을 말하는 것이다. 친절과 착함은 엄연히 다른 개념이지만, 아이들에게는 친절을 행하는 사람이 곧 착한 사람으로 비춰지는 것은 여러 가지를 의미한다. "착하게 살아야 한다" 같은 백 마디 말보다 어른들의 친절한 행동 한 가지로 아이들은 경청, 공감, 도움, 너그러움, 끈기 등을 배운다.

실제 그렇다. 친절하기 위해서는 경청하고 공감해야 하고, 너그러움을 가지고 참아주고, 마침내 도와줘야 한다. 친절은 이 모든 과정 이후 내가 얻을 수 있는 내면의 성과다. 생각해보면 살면서 생기는 모든 갈등은 경청, 공감, 너그러움을 행하지 못했거나 받지 못했기 때문이다. 늘 불친절한 상사, 동료와 함께 일한다면 그곳이 얼마나 사막 같겠는가. 아무리 음식이 맛있어도 불친절한 점원을 만난다면 그 식당을 또 가고 싶어질까.

방송국에서 새로운 수많은 사람들을 만나고 헤어진다. 어쩌면 한 번 보고 말 사람들이지만, 할 수 있는 한 친절하고자 노력한다. 누군가에게 '능력 있는 피디'보다 '친절한 사람'이라고 기억되는 편이 훨씬 이득으로 돌아온다는 것을 여러 번 체험했기 때문이다. 말도 안 되는 내용과 거친 말로 항의 전화를 거는 청취자에게도 친절하면 성난 날이 금방 죽는다. 그 순간 친절을 선택하면 피곤한 일이 반으로 줄어든다.

친절은 대단한 마음 수양이 필요한 것이 아니다. 뒷사람을 배려해 문을 잡아주다 보면, 어느 날 교통 약자가 눈에 보이고 그들의 고통 해결을 위해 작은 목소리를 낼 수 있을지도 모른다. 택배 기사님들의 수고를 덜어드리기 위해 집 앞에 둘 반품 물건을 경비실에 맡겨보면, 택배노동자들의 노동환경에 관심이 갈 것이다. 필요한 일이 있어 부재중인 경비노동자에게 전화를 하려다가도 '식사 중'이라는 푯말을 보고 얼른 전화를 끊어보면 경비노동자 인권의 중요성을 알게 될 것이다. 나의 경험이다.

생각해보면 숨이 턱 막히던 코로나 시절에 우리의 코끝을 찡하게 만든 것들은 대부분 친절한 누군가의 모습이었다. 요양병원에 혼자 있는 어르신 환자를 위해 무거운 방역복을 입고 고스톱을 쳐주던 의료인, 고생하는 의료진에게 남긴 메모 한 장, 많은 민원전화를 친절하게 받는 보건소 직원들, 어려움을 겪는 동네 가게를 찾아주던 손님들. 그 친절이 우리를 견디게 했다.

> 당신이 세상에 더한 모든 친절에 감사할 시간을 가져보라. 직접 눈으로 확인할 수 없을지는 모르지만, 그 친절은 틀림없이 세상을 바꿨다. 친절을 당신이 새로운 슈퍼파워로 널리 알려보자. 당신이 친절을 베풀 때마다 그 힘이 계속 강해져서 세상에 더 큰 변화를 불러올 것이다.
>
> - 도나 캐머런, 《카인드》 중에서

이렇게 살다 보면 성공을 위한 우주의 기운을 빌리거나 스펙을 쌓기 위해 죽도록 노력하지 않아도 된다. 친절이 그저 전적으로 내가 할 수 있는 일이자, 모든 일의 시작점이 된다면 친절은 분명 나를 좋은 곳으로 데려갈 것이다. 친절하기만 하다면 말이다.

언젠가 60대 여자 선배가 만만치 않은 생을 살았지만 "돌아보니 인생이 내게 친절했다"라고 표현했는데, 그 문장이 두고두고 가슴에 남았다. "인생이 내게 친절했다"라는 말은 타인에게도 스스로에게도 친절했기에 받은 축복임을 아는 사람만이 할 수 있는 말이다.

세상을 내 편으로 만드는 것은 머리가 아니라 행동이다. 지식이 아니라 지혜가 더 우선이라는 말이기도 한데, 친절은 지혜로운 사람이 할 수 있는 가장 1순위로, 행동 지침이라기보다는 인생을 대하는 마음가짐에 더 가깝다.

친절하라! 친절은 신이 인간에게 허락한 최고의 축복이며, 인간이 할 수 있는 가장 쉽지만 강력한 행복의 비법이다.

재미를 너무 가볍게 생각하지 마라

재미를 대하는 태도

2018년 평창동계올림픽 개 · 폐막식을 총지휘했던 배우 송승환은 현재 황반변성, 망막색소변성증으로 두 눈의 시력을 거의 잃었다. 하지만 그는 여전히 귀로 들으면서 대본을 외우고, 수십 번씩 리허설을 하며 연극무대에 선다. 그는 2022년 베이징동계올림픽 개 · 폐막식 해설도 했는데, 나는 그의 훌륭한 발음과 적확한 해설에 감탄했다.

송승환은 한 인터뷰에서 "눈이 안 보이는 상태에서도 일상을 유지하는 방법을 찾는 과정이 은근히 재미있다"고 표현했는데, 시력 상실이라는 비극 스토리에 '재미'라는 단어가 나와 나는 적잖이 당황했다. 비극을 희극으로 바꾸는 사람들 입에서 종종 '희망, 극복, 회복'은 들어 봤어도 '재미'는 낯설기 때문이다.

내일 죽어도 저는 호상이에요. 더 살아도 지금보다 더 재밌게는 못 살아요. (중략) 여러분도 힘들어도 어쨌든 그 가운데서 재미를 찾으세요. 일도 재밌게. 휴식도 재밌게.

– 송승환, 〈조선일보〉 '김지수의 인터스텔라' 인터뷰 중에서

재미는 정말 아이의 단어일 뿐일까

길거리 걸어가는 어른을 붙잡고 "요즘 재미있나요?"라고 물으면 재미있다고 답할 사람이 몇이나 될까. 대부분 "재미는 무슨… 제가 어린애인가요? 그냥 사는 거죠. 지루해요" 정도로 답변할 것이다.

어릴 때는 재미를 위해 모든 일을 선택하는데, 왜 어른이 되면 재미는 중요하게 여기지 않을까. 매일 똑같이 반복되는 어른의 삶에서 재미를 찾는 것이 어렵기도 하지만, 나이가 들면 당연히 삶의 축을 '재미'보다 '의미'에 두어야 한다고 생각하기 때문이다. 재미만 추구하는 어른에게는 철이 없다 흉본다. 대체 왜 어른은 재미보다는 의미가 더 값지다고 생각하는 걸까.

재미는 생각보다 굉장히 중요하다. 재미를 느끼려면 먼저

나의 감각에 몰입하고, 내가 뭘 원하는지 정직해져야 한다. 그러니 머리가 복잡하면 재미를 느낄 수 없다. 롤러코스터 탈 때를 떠올려 보면 열차를 타는 동안 잡념도, 타인의 시선도 온데간데없이 사라지고 이 열차가 얼마나 빠를지, 얼마나 빙빙 돌지만 생각하게 되지 않던가. 그 기대와 기분 좋은 두려움으로 조금 빨리 뛰는 심장 소리에 귀 기울이고 땀이 차는 내 손바닥에만 집중하게 된다. 그리고 그 위험한 상황에 기꺼이 온몸을 맡기게 되고, 타고나자마자 또 타고 싶어진다. 재미있으니 다음을 기대하는 것이다.

'내 일'이 재밌으니
'내일'이 기대된다

아담과 하와가 선악과만은 따먹지 말라는 신의 말을 어기고 받는 형벌 중 하나는 땀 흘리는 노동이다. 그러니 아무리 월급을 많이 받고 일의 만족도와 성취도가 높아도, 노동은 원래 힘이 들 수밖에 없다. 이때 일의 재미가 있다면 빡빡한 내 삶에 얼마나 힘 있는 윤활유가 돼 주겠는가. 그런데 많은 사람들이 직업을 선택할 때 월급과 처우, 의미에 대해서는 고민하면서 '재미'라는 가치는 간과한다. 힘든 노동을 꾸역꾸역 할 수 있는 오직 유일한 비법은 '재미'인데 말이다. 어떤 화려한 일보다 자신이 좋아하는 일로 밥을 먹을 수 있다면 얼마나 좋을까.

살면 살수록 인생은 내가 무슨 일을 업으로 선택했는지에 대한 책임이 아닌가 할 정도다. 그만큼 직업은 인생에 엄청난 영향을 끼친다. 일터에서 만나는 사람들 중 직업 선택을 잘해서 행복하게 일하는 사람들을 만나면 에너지가 느껴진다. 그리고 그 에너지는 기분 좋게 전염된다.

17년 차 직장 생활을 하다 보니 조직 생활과 인간관계에 염증이 날 때가 있다. 나이가 들어도 여전히 유치하기 짝이 없는 사람들과 여전히 변하지 않는 보수적이고 획일적인 조직 문화가 숨통을 조여 온다. 하지만 한 번도 일을 그만두어야겠다고 생각하지 않은 이유는 아직도 나는 내 일이 재미있기 때문이다. 내가 하고 싶은 일을 하면서 덤으로 월급까지 받는 기분이 들 때도 있다. 이런 미친 생각을 하는 이유 역시, 오직 내 일이 재미있기 때문이다. 나는 프로그램을 기획하고, 함께할 스태프들을 모으고, 보이지 않는 가치를 말과 글로 담아 청취자들에게 전달하는 내 일이 즐겁다. 나는 재미있게 내 일을 했을 뿐인데, 나의 일이 때로는 사람을 살리고 세상을 진일보시켰다고 사람들이 인정해줘서 과분한 상을 받을 때도 있다. 재밌게 사니까 의미는 덤으로 생겼다.

아무리 보람 있는 일도 내가 재미를 느끼지 못하면 고역이 되는 시점이 분명히 온다. 의미가 일의 깊이를 더해준다면, 재미는 일의 수명을 늘려준다. 보통 사람은 생각지도 못한 훌륭한 일을 지속해서 하는 분들에게 "어떻게 이런 힘든 일을 계속하세요?"라고 물으면 거창한 이유 대신 "재미있어요"라고 공통적으로 답한다. 아동, 저소득층 여성, 노인, 장애인 등을 위해 무료 변호를 진행하고 있는 장애인권법센터 김예원 변호사는 시각 장애인이지만, 자신이 장애인이어서 이 일을 계속하는 것도 아니고 대단한 사명감 때문도 아니라 했다. 자신이 하고 싶은 변호만 하고 싶어서 장애인권법센터를 운영하는 것이다. 김 변호사의 가볍고 경쾌한 "좋아서, 재미있어서"라는 이유를 다른 어떤 이유도 이길 수 없다. 아마도 그녀는 지치지 않고 소외된 자들을 위한 변론을 계속할 것이다.

사람과의 권태기도
재미가 없어져서 온다

직업을 선택할 때 돈과 처우만큼 재미를 생각하지 않는 것처럼, 사람들은 배우자를 고를 때 환경과 조건은 현미경을 들이대며 따지지만 재미라는 기준은 그리 중요하게 여기지 않는다. 매일 하는 일처럼 함께 사는 사람과도 재미있어야 산다. 결혼의 권태기가 오는 이유는 설렘이 없어서가 아니라, 재미가 없어서이다. 설렘은 바닥에 떨어진 눈송이가 녹듯 너무나 빨리 사라지는 것이 현실이다. 결국 오랜 시간 결혼 생활을 잘 유지하는 비법은 역시 재미다. 배우자와 함께하는 시간이 재미있으면 퇴근 후 집에 가는 발걸음이 경쾌할 수밖에 없다.

나의 남편 제주철 씨는 내 첫 직장의 사수였다. 처음 만나자마자 제 선배는 내게 "함께 일하는 사이는 아주 재밌거나, 아주 싫거나 둘 중 하나밖에 없다"고 했다. 다행히 그와 나는 쿵짝이 잘 맞았다. 처음 해보는 사회 생활이 지겹고 막막하지 않았던 이유는 사수와의 궁합이 잘 맞은 덕분이었다. 선배와 함께하는 것은 모두 재미있으니, 일이 고되지 않았다. 당시 나는 군 복무 중인 오랜 시간 사귄 남자친구가 있었다. 뭔진 모르겠지만 늘 2퍼센트가 부족하다는 생각이 들었는데, 그 2퍼센트가 '재미'임을 선배를 만나고 깨달았다. 그리고 그 2퍼센트가 98퍼센트 만큼이나 중요하다는 것도 알았다. 이 깨달음을 얻고는 곧 하산했다. 고무신을 거꾸로 신었다는 말이다.

아, 혹시 오해할까 덧붙인다면 여기서 '재미'는 정말 재미 그 자체다. 남녀 사이에 설렘이나 이성적 감정을 재미로 착각하는 게 아니라, 정말 인간 대 인간으로 재미가 있어야 한다. 이 지점이 핵심이다. 보통 남녀가 만나면 첫눈에 튀는 스파크와 이성적 호감이 재미라고 착각하지만, 이는 엄연히 다르다.

의성어로 표현하자면 입을 가리고 "홍홍홍" 웃는 사이가 아니라, 어금니까지 다 보이도록 "깔깔깔" 웃는 사이가 바로 재미있는 사이다.

나는 여전히 제 선배, 아니 남편 제주철 씨와 사는 것이 재밌다. 아이들을 재우고도 다시 눈을 비비고 일어나 부부의 시간을 계속 가질 수 있는 것도 재미있기 때문이다. 함께 재밌는 영화를 찾아보고, 책을 읽고, 음악을 듣고, 사회 이슈를 두고 꽤 파이팅 넘치게 토론하는 일을 멈추지 않는 것도 서로가 서로에게 재미있는 상대가 돼주기 때문이다. 10년 동안 결혼 생활을 하면서 여전히 서로 사랑하고 아끼는 부부는 있어도, 우리처럼 계속해서 서로를 놀리는 부부는 없는 것 같다. 농담과 유머가 있는 부부 사이, 꽤 강력한 관계다.

"살다 보면 그런 거 없어. 안 중요해. 바빠서 말할 시간도 없다"라고 말하는 사람이 대부분이지만, 그 말은 틀렸다. 재미가 없으니 말할 시간이 없는 것이고, 재미가 없으니 중요하지 않다고 생각할 뿐이다. 결혼 생활을 유지시켜 줄 수 있는 가장 강력한 한방은 바로 '재미'다. 재미있는 사이는 유머 코드와 호불호가 비슷하며, 결국은 삶의 지향점이 같을 수밖에 없다. 결혼 이후 남은 나의 인생, 나의 희로애락을 함께 견디며 살아야 하는 배우자가 갖춰야 할 조건에 이것만큼 중요한 것이 어디 있겠는가.

배우자뿐 아니라 부모와 자식 사이에서도 재미는 중요하다. 왜 아이들이 크면 부모님과 대화하지 않고, 함께 하는 시간을 원하지 않을까. 단순하다. 재미가 없기 때문이다. 나의 엄마 아빠가 재미있는 어른이라면 아이들은 나이가 들수록 부모와 함께하는 시간을 원할 것이다.

재밌게 사는 어른으로
늙고 싶다

그래서 나는 우리 아이가 꼭 1등을 했으면 하는 분야가 있다. 바로 '자신의 인생을 재밌게 살기' 분야다. 나는 우리 아이들의 인생이 지루하지 않았으면 좋겠다. 방송하면서 학창 시절 1등 출신인 의사, 변호사, 교수 등을 자주 만나는데, 미안하지만 그들의 삶은 대부분 지루하고 재미가 없다. 그 자리에 오르기 위해 재미없고 힘든 공부 과정을 헤쳐 왔을 텐데 또 재미가 없는 삶을 산다. 삶이 이렇게 재미없을 줄 알았으면 부모도 자녀에게 권하지 않았을 것이고, 자녀도 선택하지 않았을 재미없는 인생을 만들기 위해 갖은 애를 쓰며 사는 사람들이 많다.

무엇보다 아이들 인생이 지루하지 않았으면 좋겠어요. 지루한 인생은 실패한 인생이니까요. 좀 힘이 들더라도 재미가 있으면 돼요. 주말이면 워낙 모임이 많으니 주말을 손꼽아 기다리는데 아이들도 그렇게 살았으면 좋겠어요. 아이들한테 공부 잘하라는 이야기는 하지 않아요. 아이들을 어떻게 키울 건지 걱정도 하지 않습니다. 엄마, 아빠가 행복하게 사는 것을 보고 아이들도 행복을 체득해 그렇게 살아가게 하는 것이 진짜 교육 아닐까요.

– 조현, 《우린 다르게 살기로 했다》 중에서

그래서 나는 재밌게 사는 어른으로 늙고 싶다. 내 자식도, 내 친구들도, 사람들도 나를 보며 재밌는 삶이 축복받은 삶임을 알게 하고 싶다. 혹시 지금 우울하다면, 삶이 허무하다면, 재미를 너무 무시하고 있지는 않은지 돌아보길 바란다. 엄근진(엄격, 근엄, 진지), 갑분싸(갑자기 분위기 싸해짐), 설명충(딱히 설명할 필요도 없는데 매사 진지하게 설명하는 사람)이란 신조어들이 판치는 지금은 재미있는 사람이 사랑받고 인정받는 시대다. 재미는 따분한 일상과 힘겨운 세상을 견디게 해주는 강력한 무기다. 재미를 너무 가볍게 생각하지 마시길.

올바른 자빽 사용법

자빽을 대하는 태도

25살, 첫 출근을 하고 퇴근하는 길. 신도림역에서 쏟아지는 직장인들을 보며 나는 눈물을 쏟았다. '나도 저 무리에 들어간 거구나' 하는 자각과 함께, '나는 이제 더 이상 자유인이 아니구나' 하는 각성 때문이었다. 이후 두 아이를 출산한 뒤 육아휴직 외에 쉬지 않고 17년을 달려왔다. 직장 생활 17년을 돌아보면, 지금 내가 가지고 있는 일과 사람에 대한 태도는 결국 신입 직원 때 배운 것들에서 크게 변하지 않았다. 일종의 각인 효과다.

이번 글은 '라떼는 말이야 주의보'다. 그래서 쓰기 망설여졌지만, 가수 비가 본인의 신념과 믿음이 확실하면 50퍼센트는 꼰대가 되자고 이야기하는 모습에 용기를 얻었다. 이 책을 읽는 20대 어른들이 내가 눈물 콧물 쏟으며 깨달았던 사회생활을 대하는 태도로 조금이라도 사회생활력을 올릴 수 있다면, 기꺼이 꼰대 소리를 듣겠다.

자괴감 대신 자백

신입 직원이 되고 얼마 안 돼서, 왜 '사회'라는 단어 뒤에 '생활'이라는 단어가 붙는지 알았다. 직장은 일만 하는 곳이 아니었다. 나의 생활 전체를 지배했다.

조간신문을 부서장이 보기 전에 봤다는 이유로 혼이 나기도 하고, 6시 퇴근 시간이 되어 퇴근 준비를 하면 "혜민 씨는 여기가 학교인 줄 아나 봐요"라고 욕을 먹었다. 익숙하지 않은 직장 생활로 인해 낮밤이 바뀌어 시차 적응을 하는 수준으로 헤매야 했다.

어디 그뿐이랴. 일이 익숙하지 않아 실수하면 일에 진정성이 없다고 비난했고, 조금 능숙하게 하는 것 같으면 신입 직원 주제에 건방지게 자기 맘대로 일을 한다고 했다. 즐겁게 웃으면서 일을 하면 "일하면서 엄청 시끄럽네"라고 하더니, 조용히 일하면 하기 싫으냐고 물었다. 하고 싶은 일에 손을 들고 자원하면 욕심이 많다고 하더니, 겸양의 미덕을 보이면 벌써 지쳤냐며 눈을 흘겼다. 물어보면 생각을 하고 일하라고 하고, 생각을 하고 일을 하면 물어보라고 구박했다.

아빠보다 더 나이 많은 선배들부터 나보다 나이는 어리지만 선배 딱지를 붙이고 있는 사람들까지, 이 사람들을 대하는 내 마음은 어느 때는 공포나 호러, 어느 때는 드라마, 어느 때는 다큐멘터리, 어느 때는 B급 개그로 여러 장르를 오고 갔다. 이쯤 되니 한 달에 한 번 받는 월급은 내 일에 대한 것 아니라, 한 달 간의 고행을 마친 대가라는 것을 깨달았다.

대학교 졸업할 때까지 또래들과 비슷한 환경에서 지지고 볶고 살던 때에 비하면 사회생활은 스케일이 다른 무대였다. 모든 사람들이 나를 좋아한다고 착각하며 살아온 인생이었는데, 나를 이렇게 싫어하고 무시하는 사람들이 많은 곳은 처음이었다. 엄마한테 이를 수도 없었고, 중재해 줄 선생님이 있는 것도 아니었다. 울고 욕할 수만도 없는 노릇이었다. 그래도 동기들이 있어서 다행이었다. 선배한테 된통 깨지고 울고 있는 나에게 한 동기가 말했다.

"혜민아, 너 같은 애를 싫어하는 사람들이 이상한 거야."

이 한마디가 내게 진통제이자 각성제가 됐다. 그다음부터 나를 미워하는 사람 앞에서 속으로 주문을 외웠다. '나처럼 이렇게 괜찮은 사람을 싫어하는 네가 이상한 거야, 네가 이상한 거야, 네가 이상한 거야.'

사회생활을 시작할 때 자뻑은 반드시 필요하다. 왜냐하면 사회생활은 '닳는다'는 표현이 딱 맞는, 하면 할수록 내 영혼과 에너지를 좀먹는 것이기 때문이다. 해진 부분을 꿰매고, 구멍을 메꾸는 데에는 자뻑만한 즉효 약이 없다.

거꾸로 해도 이효리, 커피를 타도 김혜민

막 회사생활을 시작한 후배가 선배가 자꾸 커피를 타오라고 한다며 마음이 어렵다고 했다. 17년 전 사회생활을 시작한 내가 했던 고민을 아직도 하다니, 이 세상과 조직이 하나도 변하지 않았음에 분노했지만, 분노는 뒤로하고 '라떼는 말이야~'로 조언과 위로를 건넸다.

처음 회사에 들어가서 나에게는 회사의 후원자들을 위한 밥상을 차리는 업무가 있었다. '내가 이러려고 어려운 언론고시를 보고 여기 들어왔나' 하는 생각에 자괴감이 들었다. 그런데 어느 날, '이분들 덕에 내가 방송도 하고 월급도 받는데, 밥상 차리는 일을 거드는 게 뭐 그리 대수인가. 마이크 앞에서 방송하는 일만 대단한 일인가'라는 생각의 전환이 있었다.

이렇게 생각을 바꾸니 그 일이 더 이상 나를 흔들지 못했다. 나아가 이 변화된 생각은 일을 대하는 나의 태도의 시작이 되었다. 조명 아래 마이크 앞에 앉는 것만이 내 일이 아니라는 것. 청취자를 상대하고, 청취자 선물을 발송하고, 제작비 정산을 위해 영수증을 모으는 등 이 모든 일이 나의 일이라고 자각하니 하찮은 일들이 없었다. 이후 17년 동안 어떤 일을 해도 일이 나를 잡아먹지는 못했다. 생각을 바꿀 수 있었던 이유는 내가 지금 하고 있는 일이 나를 규정하거나 나의 존재성을 훼손할 수 없다는 엄청난 자백 덕분이었다. '거꾸로 해도 이효리'인 것처럼, 커피를 타도 나는 '김혜민'이기 때문이다.

물론 나의 경험을 후배에게 이야기한 후, 하지만 나와 너는 다르고 우리의 상황과 시대가 같지 않으니 정답이 될 수는 없다고 강조했다. 그러나 지금 막 사회에 발을 디딘 후배가 커피 심부름으로 회사를 그만두는 것보다는, 여러 경험을 가지고 자신만의 태도를 정립하길 바랐다. 그러나 그 사건이 계속해서 나를 초라하고 볼품없게 만든다면, 그러니까 자백의 주문이 더 이상 내게 통하지 않는다면 그때가 바로 일을 그만둬야 하는 때라는 것도 분명히 덧붙였다.

그 일 하려고
월급 받는거야

이런 자백은 정글 같은 사회생활 속에서 나를 지키는 엄청난 무기이기도 하지만, 오남용한다면 나를 벌거벗은 임금님처럼 만들 수 있음을 명심해야 한다. 내가 가장 꼴불견이라고 생각하는 사람 중 한 부류는 자원봉사자도 아니면서 "나 때는 말이지"라며 자신이 팀장일 때, 국장일 때 이런저런 일을 했다고 끊임없이 자랑하는 인간들이다. 월급을 받으며 하는 일은 나의 의무이지 자랑거리가 아니다.

물론 모든 사람이 다 좋은 성과를 내는 것은 아니다. 그 자리에 있어도 일을 안 하거나 개판으로 하는 사람들이 분명 있다. 그런 사람이 잘못된 거지, 일을 제대로 한 사람이 자랑할 일은 아니다. 얼마나 많은 어른들이 당연히 본인이 해야 하는 일에 대해 생색을 내는가. 부모가 아이를 돌보고 양육하는 것은 당연한 의무다. 어떤 부모도 "나 우리 애 밥 해먹이고, 옷 사주고 학교 보냈잖아" 하며 잘난 척을 하지는 않는다.

나도 가끔 "대단해요. 어떻게 이런 걸 해요?"라는 말을 들으면 "이거 하라고 월급 주는 거예요", "내 월급에 다 포함되어 있어요"라고 쿨하게 답한다. 물론 나도 "내가 이런 일 했잖아. 나 이랬잖아. 나니까 이 정도 한 거야"라며 자랑하고 싶을 때가 왜 없겠는가. 그럴 때마다 속으로만 100번도 더 잘난 척, 자뻑질을 한다. 하지만 자뻑의 끝은 항상 '일의 성과는 내 월급에 대한 신성한 노동의 의무이자, 결과일 뿐'임을 되새기며 매듭짓는다. 그리고 나의 자뻑을 사람들에게 보이는 순간, 나는 벌거벗은 임금님이 되는 거라고 명심한다.

오랜 시간 일하고 싶다면 자괴감 대신 자뻑으로 무장하라. 하지만 일터에서 자뻑의 순간을 보이면 나는 프로가 아니라 아마추어가 되는 것이다. 그러므로 지금 막 노동자가 된 20대 어른들이여, 나에 대해서는 한없이 자뻑해라. 하지만 나의 일에 대해서는 자뻑을 금한다. 올바른 자뻑 사용은 그대를 존버하게 할 것이다. 나처럼.

휘어지는 법 그리고 부러지는 법

불의를 대하는 태도

드라마 〈스물다섯 스물하나〉에 나오는 지승완이라는 친구는 전교 1등 고3 학생이다. 승완이는 늘 제도권과 당연한 것들에 대해 의문을 품고 비판하는 사람인데, 어느 날은 이유가 있어서 또 어느 날은 이유가 없어서 선생님들에게 맞는 친구들을 구하기 위해 나선다. 승완이가 이렇게 할 수 있는 이유는 '전교 1등'이라는 명패가 든든한 가림막이 되어주기 때문이다. 승완이의 비판은 반항이 아니라 질문이 된다.

승완이는 나와 동갑이다. 나와 같은 시절에 고등학교를 보낸 그녀는 교내 체벌 금지가 시작됐지만 전혀 현실화 되지 않았던 그때를 살았다. 결국 승완이는 상습 폭행 교사를 신고했고 경찰까지 출동했지만, 경찰마저도 선생을 신고한 학생을 비난한다. 그리고 그동안 해적방송을 하며 사회의 부조리와 세상에 대한 불만을 쏟아놓았던 승완의 행보를 교사가 알게 되고, 다시는 방송을 하지 않겠다는 다짐과 선생님에게 사과하라는 요구를 받게 된다.

다음 달 수능시험을 앞둔 전교 1등이자 해적방송 진행자 승완의 선택은 자퇴였다. 절이 싫으면 중이 떠나야 한다는 말처럼, 학교 울타리가 싫으면 학생이 떠나야 했다. 학교는 바뀌지 않을 테니까. 어른들은 잘못을 인정하지 않을 테니까. 승완의 엄마는 딸의 결심을 들으며 소리 없이 눈물을 흘렸다. "그동안 수능을 위해 달려온 1년을 버려도 될 만큼 이 문제가 그렇게 중요한 문제니?"라고 물으며.

"이 문제가 그렇게 너에게 중요하니?"라는 엄마의 질문에 나는 울었다. 어른으로서 할 수 있는 가장 어른스럽고도 중요한 질문이었다. 학교 체벌이 당연하고 선생과 어른의 권위가 높다 못해 교만한 자리에 앉아 있던 그 시절, 나에게 이 질문을 던진 어른은 단 한 명도 없었다.

해적 토론 동아리에서 배운 것

나는 고등학생 때 〈너른보기〉라는 토론 동아리 활동을 했다. 이 동아리는 CA라 불리는 공식적인 동아리가 아닌 학생들이 자체적으로 만든 동아리여서, 토요일 방과 후에야 모일 수 있었고 지도 교사도 없었다. 우리는 신문을 보고 일주일에 한 번 토론을 했고, 축제 때는 공개토론을 했다. 동아리 멤버들은 (나를 제외하고) 모두 공부를 잘하는 우등생들이었다. 승완이가 전교 1등이라는 타이틀 뒤에 숨어서 해적방송을 한 것처럼, 선생들 역시 해적 토론 동아리 활동에 시비가 없었다.

1학년 축제 공개토론에서는 당시 우리 사회에서 가장 핫한 주제였던 사형제도에 대한 찬반 토론을 했고, 2학년 축제 공개토론에서는 혼전순결에 대한 토론을 했다. 1998년 당시 여고에서 혼전순결에 대한 토론은 금기를 깨는 일이었다. 혼전순결을 주제로 토론한다고 전단지를 만들어 인근 고등학교에 뿌렸다. 토론 당일, 한 남자고등학교 선생님께서 전단지를 보고 찾아오셨다. 학생들의 생각과 말을 듣고 싶어서였다고 하셨다. 그때도, 지금도, 그 선생님께 고마운 마음이 든다.

〈너른보기〉에서 나는 어른들이 피 터지게 싸우는 주제들을 친구들과 함께 공부했다. 그리고 우리도 토론했다. 그 토론장에 어른은 없었다. 청소년의 시각으로, 청소년의 언어로 함께 논의했다. 교과서에 나오지 않는 진짜 세상을 배우는 시간이었고 진짜 자아를 만들어가는 과정이었다.

그러던 어느 날, 전교조 출신 선생들이 학생들의 서명을 받는 페이퍼를 돌렸다. 정확한 내용은 기억나지 않지만, 1999년 전교조가 합법적인 교원 노동조합의 지위를 취득했으니 아마도 이에 필요한 학생들의 서명이 아니었나 싶다. 페이퍼에는 자세한 내용이 적혀 있지 않았지만, 대부분의 아이들은 선생님이 주신 서류니 그냥 서명을 했다.

나는 "선생님, 이거 무슨 내용이에요? 제 이름 석 자를 쓰는데 내용은 알아야죠"라고 물었다. 하지만 선생님은 자세히 설명하지 않았다. 분명 학생의 지지와 서명이 필요한 때였는데 선생님은 갑의 태도를 보였다. 그리고 그해 내 생활기록부에는 "직선적인 성격임"이라는 한 줄이 써있었다. 전교조 소속 선생님들은 그 당시 수평적인 대화, 창의적인 수업 방식으로 학생들에게 인기가 많았지만 나는 이때 알았다. '아. 그런 척한 거였구나.'

휘어지거나
부서지거나

다시 승완에게로 돌아가 보자. 승완의 엄마는 거대한 부조리와 폭력 앞에 상처받고 우는 딸을 안아주며 "휘어지는 법도 알아야 해. 부러지는 법만으로는 세상 못살아"라고 말한다. 20년 넘게 어른 생활을 해보니 너무나 알겠다. 휘어지는 것이 얼마나 안전하고 속 편한지. 부러지는 일은 엄청난 용기와 결단 없이는 하기 힘들다.

솔직히 말해서 누군가 지금 나에게 휘어질 것과 부러질 것, 두 선택지를 내놓는다면 휘어질 것을 선택할 것이다. 뼈가 부러지는 것보다는 금이 가는 게 회복이 빠르니까. 하지만 열여덟 승완이가 내게 와 묻는다면, 과감히 부러져보라고 권할 것 같다. 젊은 시절 뼈는 단단하니까, 뼈가 부러져도 금방 붙으니까 말이다.

승완의 엄마 역시 열여덟 살 딸의 부러짐을 지지한다. 직접 학교에 찾아가 "우리 딸은 이딴 학교 자퇴한다고 인생에 흠집도 안 난다"며 "이런 망할 놈의 학교에 내 딸을 맡겼다니 내 평생에 이런 수치가 없다"고 외친다. 이 두 마디가 승완이에게 얼마나 큰 힘이었을까. "그래, 한 번쯤 부러져봐도 내 인생에 흠집 하나 나지 않아. 내가 학교를 그만두는 것이 수치가 아니라, 이 학교를 계속 다니는 것이 수치야"라고 생각하며 앞으로 스스로를 믿을 수 있게 된 것이다. 어떤 벽 앞에 서더라도 그 벽을 넘어설 자력이 생긴 것이다.

나도 승완 엄마 같은 어른이 될 수 있을까

아이들과 함께 승완이의 이야기를 보며 물었다. "선생님께 사과하는 것이 옳을까? 아니면 저 누나처럼 자신의 이야기를 하고 선택하는 것이 좋을까?" 둘 다 후자라 답했다. 이유는 정확히 설명할 수는 없지만 선생님은 옳지 않고, 저 누나가 맞기 때문이라고 했다. 논리적으로 정갈하게 자신의 생각을 표현하기 미숙한 어린 아이들도 폭력을 행하는 어른이 옳지 않다는 건 안다. 그리고 부당함에 맞서는 일이 옳다는 것도 안다. 나는 아이들에게 말했다.

"어른들이라고 늘 옳은 건 아니야. 아무리 생각해도 옳지 않고 받아들일 수 없다면, 어른들이라 할지라도 너의 생각을 이야기해."

나 역시 지금은 부러지는 것보다는 휘어지는 경우가 훨씬 많은 어른의 삶을 살고 있지만, 어른이 되기 전 부러져봤던 크고 작은 경험들이 지금 내 자아를 단단히 만들었다고 자부한다. 승완이가 엄마의 모습을 보며 "아, 나 엄마 닮았네"라고 깨달은 것처럼, 언젠가 부러지기로 용기를 낸 우리 아이들이 "아, 나 엄마 닮았네"라는 깨달음으로 부러짐을 선택한 것이 외롭지 않기를 간절히 바란다. 그래서 나도 앞으로도 조심스럽게 부러지는 시도를 계속할 생각이다. 소심하게… 그리고 안전하게….

> 용감한 사람이 되라고 가르쳐. 자기 의견을 말하도록, 진짜 생각을 말하도록, 정직하게 말하도록 격려해줘. 그리고 아이가 그렇게 했을 때는 칭찬해 줘. 특히 아이의 솔직한 입장이 하필 곤란하고 인기 없는 의견임에도 그것을 드러냈을 때 더 많이 칭찬해 줘.
>
> - 치마만다 응고지 아디치에, 《엄마는 페미니스트》 중에서

부장님은 사명감이 없으십니까?

사명감을 대하는 태도

"부장님은 사명감이 없으십니까?"

드라마 〈소년심판〉에서 가장 인상 깊게 남은 대사 중 하나다. 심은석(김혜수) 판사가 상대방을 경멸하고 한심하다는 표정으로 툭 이 대사를 내뱉는데, 나도 모르게 움찔했다.

> 보여줘야죠, 법이라는 게 얼마나 무서운지. 가르쳐야죠, 사람을 해하면 어떤 대가가 따르는지. 자기 새끼 아깝다고 부모가 감싸고 돈다면 국가가, 법원이 제대로 나서야죠. 나중에 재판 끝나고 나서 '아, 법 참 쉽네' 우습게 여기면 그땐 어떡합니까.

심은석 판사는 촉법소년을 혐오한다고 공개적으로 선포하고, 자신 역시 촉법소년으로 아들을 잃었지만 늘 개인의 감정이 아닌 사명감으로 결과를 만들어냈다. 국가가 자신에게 위임한 재판의 권위로 촉법소년에게 법의 무서움을, 죄의 대가를 알려주는 것. 바로 이 대사가 심 판사의 사명감이자 그가 일을 하는 이유를 압축한 문장이었다.

'주어진 임무를 잘 수행하려는 마음가짐, 사명감'. 요즘 같은 시대에 사명감이라는 단어 자체가 손발이 오그라들고 트렌드와 뒤떨어진 말 같지만, 사명감이 가진 원래의 뜻은 이처럼 너무나 기본적이고 간단하다. 그저 자신에게 주어진 임무를 잘 해보자는 마음가짐은 인생을 사는 우리 모두가 기본적으로 장착해야 하는 것이다. 그러나 나는 어른이 되고, 처음 회사에 들어가 바로 알았다. 모두가 다 사명감을 가지고 일하는 것은 아니구나. 결국 모든 조직과 세상은 사명감을 가지고 일하는 소수가 다수를 이끌어가고 있다는 것을 말이다.

사명감 없이 일하는 사람은 일의 종류와 노동의 강도를 떠나서, 황폐하고 초라하다. 의사, 법조인, 장관, 기업가 등 화려한 일을 하면서 불행한 사람을 나는 많이 봤다. 그들에겐 사명감 대신 다른 사심들이 일의 동력이 된다. 의사가 생명을 살리는 사명감을 잃어버리면 환자가 돈으로 보이는 것처럼, 변호사가 정의를 실현하는 사명감을 버리면 사건이 아닌 돈이 보이게 된다.

의사가 히포크라테스 선서를 하고, 판검사가 임용 시 판검사 선서를 하고, 국회의원이 임기 시작 전 자신의 사명을 담은 선언을 하는 이유는 결국 일의 사명감이 자신의 일을 변질시키지 않고, 즐겁게 오래 할 수 있는 강력한 동기이기 때문이다. 입사 시험을 볼 때 지원동기를 묻는 것 역시 이 일을 하려는 자의 사명을 점검하는 것이다.

사명감은 예의의 범주

> 이런 식의 타협에 익숙해지다가는 필경 이런저런 핑계를 대며 사건을 대충 처리하는 변호사가 될 것이 분명했다. 정의고 인권이고 떠나 이건 내 생계 수단에 대한 예의가 아니다.
>
> – 신민영, 《왜 나는 그들을 변호하는가》 중에서

드라마 〈이상한 변호사 우영우〉의 자문변호사이자 국선변호사였던 신민영은 "이 정도 선에서 끝내자"라는, 적당히 스스로와 타협하고 싶은 유혹을 받을 때마다 정의, 인권 같은 거대한 담론이 아닌 '내 생계 수단에 대한 예의'를 생각했다. 사명감의 다른 말은 '나의 밥벌이에 대한 예의'다.

생방송을 시작한 지 3년쯤 됐을 때, 한 목사님이 "더 이상 설교하는 일이 떨리지 않는다면 이곳에서 내려오게 해주세요" 라고 기도했다는 말을 듣고, 그 이후 지금까지 마이크 앞에서 나 역시 같은 기도를 한다. "마이크 앞에 서는 일이, 방송을 만드는 일이 더 이상 떨리지 않으면 그만 내려오게 해주세요"라고. 물론 어떻게 매번 내가 하는 일이 나를 가슴 뛰게 하겠는가. 어떻게 사명감으로만 일을 할 수 있겠는가. 그러나 이 한 줄의 기도는 나에게 이 자리를 허락한 신에 대한 감사며, 내 방송을 듣는 청취자에 대한 존중이며, 이 일을 꿈꾸지만 이루지 못한 타인에 대한 배려며, 무엇보다 내 업에 대한 예의다.

세계적인 축구선수 손흥민을 만든 것은 탄탄한 기본기와 지독한 반복이다. 운동선수들이 하루, 일주일, 한 달 훈련을 쉬면 자기 자신이 알고 곧 남들이 알아본다고 하는 것처럼, 사명감 없이 일하는 것 역시 스스로 알고, 동료가 알게 된다. 이 글을 읽으며 찔리는 당신, 절대 옆에 동료가 모를 것이라 생각하지 마라. 당신 말고 다 안다! 당신, 사명감 따위는 없다는 것.

사명감은 다시 찾으면 된다

물론 처음에는 사명감을 가지고 일을 시작하다가도, 일이 익숙해지고 지루해지면 적당히 그럭저럭하기가 너무 쉽다. 일에 대한 연차가 쌓일수록 더욱 그렇다.

문유석 전 판사도 비슷한 경험을 털어놨다. 한동안 규모가 크고 복잡한 재판만 맡다가 서민형 분쟁을 다루는 민사 재판을 했을 때 일이다. 당시 문 판사는 맡은 일이 너무 작고 보잘것없이 느껴져 의욕이 없었다. 그러던 어느 날, 사명감 때문이 아니라 혹시나 이야기를 자르면 불만을 제기할 것 같아서, 소송 중인 한 아주머니의 하소연을 다 들어줬다. 그런데 이야기를 마친 아주머니가 문 판사에게 꾸벅 절을 하면서 이 사건에 대해 자신의 이야기를 끝까지 다 들어준 것은 당신이 처음이라며, "가슴속 한 맺힌 얘기를 다 들어주니 이제 결과가 어떻게 되든 여한이 없다"며 고맙다고 말했다. 문 판사는 책《개인주의자 선언》에서 이 일을 죽비로 얻어맞은 듯 정신이 번쩍 나는 경험이라고 회상했다.

이 사건은 문 판사에게 사명감을 다시 일깨웠다. 일하다 보면 나의 첫 마음가짐과 태도는 잊어버릴 수 있다. 하지만 잠식됐던 나의 사명감을 파도처럼 격렬하게, 호수처럼 잔잔하게 깨우는 사건과 사람이 나타날 때 즉각 반응하면 된다. 전업 맘으로 아이를 키우며 지루한 일상과 티도 안 나는 일로 힘들 때, 처음 아이를 낳았을 때와 키웠을 때 마음가짐을 되새기면 사명감을 다시 찾을 수 있다. 익숙함과 상관없이 일을 늘 새롭게

다가오게 하는 건 사명감이니까.

오늘 하루 잘 해내 보자는 마음

몇 해 전 돌도 안된 손자와 노인이 굶어 사망한 사건이 있었다. 한 변호사는 이 사건에 충격을 받고 소외된 1인 가구를 위한 최초의 시민단체를 만들었다. 부모가 없는 청소년들, 자녀가 없는 노인들을 가족으로 묶어주고 그들에게 필요한 법률 상담, 사회적 서비스 등을 무료로 해줬다. 인터뷰하는 동안 변호사의 눈에서 빛이 났고, 나는 그 자리에서 단체의 후원자가 됐다.

아주 소액의 후원금을 매달 내며 후원한다는 사실조차 잊고 있을 때 즈음, 변호사에게 전화가 왔다. 그동안 암 투병을 했으며, 조직관리가 잘되지 않아 시민단체를 해체해야 하니 동의를 해달라는 내용이었다. 이전의 힘 있는 목소리가 아니었다. 후원자에게 미안함은 물론이며 자괴감을 느끼고 있는 것 같았다.

"변호사 님. 저는 그때 변호사 님 덕에 1인 가구에 대해 관심을 갖게 됐고, 방송에 여러 번 다루기도 했어요. 실패했다고 생각하지 마세요. 변호사 님의 그때 그 사명감이 좋은 세상을 위한 한 걸음을 재촉했다고 생각합니다. 고맙습니다."

그에게 인사를 건넸다. 이 말이 사람과 세상을 살리는 방송을 만드는 사명을 가진 내가 해야 하는 오늘의 사명이었다.

출근해야 하는 내일이 두렵다면, 반복되는 일상이 지겹다면, "주어진 임무를 잘 수행하려는 마음가짐"이라는 사명감의 원뜻을 주문처럼 외워보자. "오늘 하루 잘 해내 보자"라는 마음가짐만 바꾸면, 어느새 사명감이 당신의 마음을 두드릴지도 모른다.

fine으로 시작해 refine으로 끝나는 인생

성장을 대하는 태도

누워만 있던 아기가 앉고 기고 서고 걷는 신체적 성장은 어른에게 더 이상 없다. 하지만 울기만 하던 아이가 다양한 표정으로 말하고, 언어를 배우고, 생각을 넓히는 인지발달은 성인이 되어서도 계속해서 필요한 과정이다. 신체 발달은 2차 성징에서 끝나고 퇴행만이 남지만, 인지 발달은 죽을 때까지 성장 가능하다는 것은 인간이 받은 가장 큰 축복이다.

어른이 된 이후, 내가 몇 차례 내적 성장을 한 계기가 있었다. 종교방송국(극동방송)에서 시사보도방송국(YTN라디오)으로 이직하면서 종교적 언어와 사고방식을 사회적 언어와 대사회적 관심으로 넓힐 수 있었다. 〈YTN라디오 생생경제〉를 진행하면서 경제적 약자가 결국은 우리 사회의 약자이며, 상생하는 것이 경제적으로 훨씬 효과적이라는 사실도 깨달았다. 〈김혜민의 이슈&피플〉을 진행하면서는 진짜 중요하고 언론이 다

눠야 하는 뉴스가 무엇인지 눈을 뜨게 됐다. 첫 책《눈 떠보니 50》을 쓰면서는 진정한 인생의 의미에 대해 생각할 수 있었다.

무엇보다도 내게 큰 내적 도약을 가져온 것은 '엄마'라는 정체성을 갖고 나서였다. "사람이 온다는 건 실은 어마어마한 일이다." 엄마가 돼서야 이 문장을 완벽하게 이해했다. 출산만 한다고 엄마가 되는 건 아니었다. 나는 여전히 미완성인데, 나만 믿고 세상에 태어난 작은 생명체를 위해서라면 나는 성장해야 했다. 엄마의 성장은 아이의 생존이었다.

엄마로서의 성장의 시작은 익숙한 것들과의 결별이었다. 먼저 익숙했던 내 몸과 결별했고, 내가 원할 때 먹고 자고 놀았던 나의 라이프 스타일을 버렸다. 최종적으로 세상을 바라보던 예전 시각과 생각도 자연스럽게 달라졌다. 새롭게 건설된 세상과 나의 옛것들이 맞서기 시작했다. 그 충돌에서 살아남기 위해 책을 읽고, 그동안은 전혀 만나지 않았던 나와 다른 성향의 사람들을 만나 대화했다. 내 아이에게 좋은 어른이 되고 싶다는 마음으로 시작한 엄마의 성장은 나를 한 인간으로 발돋움하게 했다. 직선으로만 살던 나에게 '엄마의 삶'은 굴곡 있는 곡선의 사고와 폭넓은 세상을 선물했고, 마침내 나의 성장의 최고의 변곡점이 됐다.

내적 성장의 변곡점은 계속 있어야 한다

당신은 어른이 된 이후 내적 성장을 이룬 사건과 시간에 대해 서술할 수 있는가? 그렇다면 당신은 지금 '좋은 어른'이 되어 가고 있는 것이다. 하지만 아쉽게도 모든 인간이 내적 성장을 이루는 것은 아니다. 신체 성장과 함께 전인격적인 성장을 멈춘 사람들이 더 많다. 심지어 퇴행한 사람들도 있는데, 문제는 이런 사람들이 세상과 타인에게 큰 영향을 끼칠 수 있는 위치에 올라 영향력을 행사한다는 것이다.

새로운 정부가 구성되고 총리 및 장관 후보자들이 발표될 때마다 이름 석 자 앞에 붙은 직함과 명함에 감춰졌던 후보자의 행적이 드러난다. 어떻게 어른으로, 전문가로 살면서 저런 낮은 수준의 언행과 천박한 사유 수준을 가지고 있었을까 경악하게 된다. 그에게 주어진 자리가 그 사람을 빛나게 해주는 것이 아니라, 오히려 추악함과 모자람을 드러내는 것 같다.

2022년 보건복지부 장관 후보자는 자신이 병원장일 때 두 자녀가 같은 의대에 편입했다. 면접 심사위원들은 아버지를 상사로 둔 의대 교수들이었다. 교육부 장관 후보자는 아무런 내부 품의 없이 골프장 이용료와 밥값 등 1억 4천만 원을 법인카드로 결제했다가 감사에 적발됐고, 청와대 비서실장 후보자와 산업자원부 장관 후보자 그리고 총리 후보자까지 대기업 등에서 사외이사로 재직하며 억대의 연봉을 수령했다. 역대 정권도 다르지 않았다.

물론 그들이 거저 그 자리에 앉았다고 생각하지 않는다. 누군가는 타고나기를 좋은 환경과 조건을 지녔을 것이고, 누군가는 남들보다 훨씬 더 노력해 그 위치에 오를 수 있었을 것이다. 영어 단어 fine은 '훌륭한, 멋진, 좋은'이라는 형용사다. 그들도 한때는 이 형용사에 걸맞는 사람이었을 것이다. 하지만 그들이 현재 온전치 않은 것은 fine 앞에 're'가 붙지 않았기 때문이다.

reborn 말고
refine으로도 충분하다

'좋은, 훌륭한'이라는 뜻의 fine은 '벌금, 끝'이라는 다소 반대의 뜻을 가지고 있기도 하다. 결국 아무리 좋은 원석이라도 제대로 관리하지 않고 성장하지 않으면, 벌금 같은 인생으로 끝낼 수밖에 없다는 것 아닐까. 그러기에 끝까지 fine으로 살고 싶다면 '다시'라는 뜻의 re가 반드시 필요하다.

'정제하다, 개선하다'라는 뜻의 refine. 어른으로 살아가면서 나도 모르게 내 인생에 불순물이 끼지 않았는지 여과기에 내 시간을 흘려보내며 나를 정제하는 건 중요하다. 앞에 언급한 저 잘난 사람들의 삶에 refine을 통한 성장의 시간이 있었다면 웃음거리로 전락하지는 않았을 것이다.

사전에는 refine 뜻을 풀이하면서 '개선하다' 앞에 '(작은 변화를 주어)'라는 부연 설명이 있다. 나는 괄호 안에 있는 '작은 변화를 주어'라는 말이 참 좋다. 다시 태어나야 하는 reborn까지 아니어도 좋다는 뜻이다. 머리를 깎고 산에 올라갈 정도의 각오나 회사를 그만두는 등의 큰 변화가 아니더라도, 내가 할 수 있는 실천 가능한 개선이어도 괜찮다. 나이가 들수록 등산을 하는 어른이 많아지는 건, 산에 오르내리는 동안 자아와 현실에만 갇혀있는 비좁은 시선을 다른 곳으로 돌릴 수 있는 틈이 돼주기 때문인지도 모른다.

어른은 완성형이 아니라
진행형의 단어

미안하지만 노오력 하지 않고 되는 건 없다. 아니 극히 드물다. 좋은 어른도 마찬가지다. 절차탁마(切磋琢磨, 학문과 덕행을 갈고닦음)까지는 아니더라도 삼성오신(三省吾身, 하루에 세 번 자기가 한 행위나 생각을 반성한다)이라도 하면 성장의 기점을 만들어 낼 수 있지 않을까?

'어른'은 완성형이 아니라 진행형의 단어다. '어른'은 나이가 거저 주는 자격이 아닌, 내가 얼마나 성장했는지를 말해주는 바로미터가 돼야 한다. 그러니 어른다운 어른이 되고 싶다면 지금 refine 하시길 바란다. 어느 날 문득 누군가 건네오는 "How are you?"라는 안부 인사에 자신 있게 "I'm fine"이라고 답할 수 있으려면 말이다.

나대로, 나답게, 나처럼

나의 본질을 지키는 태도

눈 설, 배꽃 리. 땅에 닿으면 사르르 녹는 눈송이 꽃처럼 가수 설리가 스스로 세상을 등졌다. 대중들은 설리에게 예쁜 꽃으로만 살기를 원했지만, 그녀는 꽃이 아닌 나무가 되고 싶어 했다. 그래서 시대가 필요로 하는 곳에 자신의 목소리를 보탰다. 그런데 사람들은 그런 그녀의 뿌리를 흔들고, 흔들고, 흔들어 결국 뽑아내고야 말았다.

세상이 설리에게 손가락질하는 이유는 참으로 다양했다. 노브라로 다닌다고, 나이 많은 남자랑 연애한다고, 페미니스트라고. 남들에게 피해를 끼친 것도 아니고 죄를 지은 것도 아닌데, 사람들은 마음대로 그녀의 발언과 선택을 불편해하고 비난했다. 설리를 다시 만날 수만 있다면 모두에게 사랑을 받을 필요는 없다고, 너는 남들이 싫어하는 대상이 아니라 사랑받는 존재며 동시에 너 역시 누군가를 싫어하고 사랑할 수 있는 주체라고 말해주고 싶다.

대한민국은 '있는 모습 그대로'가 통하지 않는 사회다. 있는 그대로의 내 모습을 보여줬다가는 "생각 좀 하고 말해"라고 비판받거나 "아직 세상을 모르네"라고 놀림 받기 쉽다. 자신의 본질을 지키며 사는 것이 이렇게 힘들다. 나 역시 그랬다. 어릴 때부터 늘 튀었고, 별났다. 나댄다는 말을 자주 들었다. 생각해 보면 별다를 것도 없었다. 멋 좀 부리고, 자기 생각 명확하게 표현하고, 늘 질문하고, 내 모습 그대로 보여주는 데 주저함이 없었을 뿐이다. 지금 그때의 나를 만나면 기특하다고, 씩씩하다고 머리를 쓰다듬어줄 것 같은데, 그때는 나도 내가 싫었다. 나를 보며 수군거리는 사람들이 있으니까. 내가 문제가 있구나 싶었다. 특히 내 욕망에 솔직할 때 더욱 그랬다. 내 욕망이 타인을 헤치는 내용도 아니며 공동체를 좀먹는 정도의 크기도 아닌데, 나를 맹랑하고 버릇없는 사람으로 제멋대로 판단한 어른들이 꼭 있었다. (심지어 지금도 있다.)

사회생활을 시작하면서 조금씩 있는 모습 그대로 나를 보여주는 일을 멈추기 시작했다. 나를 감추니 모든 것이 편해졌다. 그리고 나 역시 어느 순간, 날것 그대로 자신을 보여주는 사람들이 불편해지기 시작했다. 10명 넘게 들어오는 신입 직원들 중에 그런 후배가 꼭 1명씩은 있었는데, 마치 내 모습 같아서 안쓰럽다가도 어느 순간 그 친구 뒷담화를 선배들과 함께

하고 있는 나를 발견하며 소스라치게 놀랐다. 나도 나의 본질을 훼손하며 살고 있었다.

> 어쩌면 그것이 경희를 사랑한 이유일 터였다. 경희는 자신의 본질을 훼손할 수 없는 사람이었다.
>
> – 이민진, 《파친코 2》 중에서

소설과 드라마 〈파친코〉를 모두 보고 내 머릿속에 남은 문장은 바로 "본질을 훼손할 수 없는 사람"이었다. 〈파친코〉의 주인공은 선자를 비롯해 그 험한 시대 속에 자신의 본질을 지키며 살아남은 수많은 한국인, 특히 한국 여성들이다. 선자의 엄마 양진은 딸 선자가 열세 살이 되던 해 남편을 하늘로 보내고, 다음 날 아침 잠자리에서 일어나 평소처럼 일을 시작했다. 거친 바람 속에서도 자식을 위해 생을 이어가는 것이 양진의 본질이었다.

양진의 딸 선자는 편하게 한수의 첩으로 살 수 있었다. 그러나 가난하지만 자신을 온전히 사랑한 아버지, 어머니에게 부끄러운 삶을 살 수 없었다. 사랑받기 충분한, 존중받아 마땅한 자신의 본질을 훼손하며 살 수 없었기 때문이다. 드라마 〈파친코〉에서 나이 든 선자는 손자 솔로몬에게 이렇게 말한다. "나도 충분히 고생 안 하고 살 수 있었다. 세상을 다 준다고 했다.

하지만 내가 싫다고 했다. 나를 둘로 나눌 수는 없으니까."

선자는 잘 웃고 발랄했으며 평범하게 생긴 여자아이였으나, 아버지의 눈에 선자는 누구보다 예뻐 보였다. 훈이는 선자의 완벽함이 경이로웠다. 세상에서 훈이만큼 딸을 소중히 여기는 아버지도 드물었다. 훈이는 자식을 웃게 하는 것이 삶의 목표인 사람 같았다.

하지만 선자는 한수의 첩이 될 수 없었다. 불구였던 아버지는 남들보다 더 가난하게 자란 어머니를 사랑했다. 아버지는 어머니를 아주 소중히 여겼다. (중략) "너한테는 세상에서 제일 다정한 아버지가 있데이." 어머니는 종종 이렇게 말했고 선자는 어머니와 자신을 아끼는 아버지의 사랑을 자랑스러워했다.

- 이민진, 《파친코 1》 중에서

소설에는 나오지 않지만 드라마에서 등장하는 한국인 할머니는 자신의 땅을 거액을 주고 사겠다는 일본인과 일본 기업에게 "내 몸에 흐르는 피가 절대 이 땅을 팔지 말라고 한다"며 절대 집을 팔지 않는다. 그녀가 어떻게 살아왔는지 드라마에서 한 장면도 나오지 않았지만 나는 알 수 있었다. 일본 땅에서 치욕의 시간 속에 때로는 짐승만도 못한 취급을 받으면서도 살기 위해 고개를 여러 번 숙였겠지만, 그녀는 끝까지 조선인으로서 본질을 훼손하지 않으며 살았을 것이다. 그러니 이런 선택을 할 수 있었을 것이다.

무엇보다 이 책을 쓴 이민진 작가가 자신의 본질을 지키는 사람이다. 나는 이 책을 읽고 이민진 작가의 인터뷰, 연설 영상을 찾아보며 감탄했다. 이 작품은 "글쓰기는 저항, 혁명의 행동"이라는 작가로서의 본질과 "광범위한 인간성을 지닌 한국인을 그 자체로 오롯이 인정하는 일은 이제 막 시작되었다"는 한국인으로서의 본질을 지킨 한 인간의 손끝에서 나온 것이다.

하지만 본질을 훼손하지 않고 산다는 것이 얼마나 어려운 일인가. 나를 이 땅에 보낸 창조주의 목적대로, 부모가 나에게 부어 준 사랑과 헌신대로, 살면서 만난 수많은 사랑과 돌봄대로, 교육과 문화 속에서 배운 대로 나를 지키고 살아가는 것이 살수록 정말 힘든 일임을 깨닫게 된다.

본질을 지키기 위해
쓰는 해방일지

드라마 〈나의 해방일지〉가 선풍적인 인기를 끈 것은 자신의 본질을 훼손한 채 살아가는 사람들이 많기 때문이다. 드라마 속 주인공들은 각자의 환경과 이유로 자신을 잃어버리고 산다. 그리고 그들이 본질을 찾기 위해 선택한 것은 듣기에도 생소한 단어, '추앙'이었다. 부모에게도 있는 그대로 인정받아 본 적 없었던 나 자신을 내가 무조건 응원하는 것. 이름도, 배경도, 이야기도 아무것도 모르는 누군가를 사랑하는 것. 그것이 추앙이었다.

달의 모양은 매일 바뀌는 것 같지만 사실 달의 모양은 변하지 않는다. 사람들은 자기 눈에 보이는 모습으로 보름달, 반달, 초승달이라고 달의 이름을 정하고 부르는 것뿐이다. 이처럼 제멋대로 나를 재단하고 판단하는 사람들이 너무나 많다. '있는 모습 그대로'를 다른 표현으로 바꾼다면 '본질을 훼손하지 않고 자연스럽게'다. 낮과 밤처럼, 사계절처럼, 밀물과 썰물처럼, 달이 차고 기우는 것처럼 말이다.

우리 이제라도 나대로, 나답게, 나처럼 살자. 나를 추앙하고 너도 추앙하자. BTS가 세계를 위로한 노래 〈소우주〉처럼 한 사람에 하나의 역사가 있고 한 사람이 하나의 별이 아닌가. 우린 우리대로 빛나고, 우린 그 자체로 빛난다.

Part 2.

그런 어른들처럼 나이 들긴 싫었다

지금 우리는

우리가 꿈꾸던 어른이 되었을까?

비겁한 변명입니다

옳다고 생각하는 일을 대하는 태도

직장 생활 5년 차 정도였을 때, 한 후배가 찾아와 사회생활의 어려움과 조직의 답답함을 털어놓았다. 그 마음을 충분히 이해하기에 공감하며 같이 욕도 해준 후 팀장을 찾아가 어려움을 솔직하게 말해보라고 말했다. 이후 후배가 자신의 관리자에게 들은 말은 "함께 기도하자"였다. 그때 나는 "함께 기도하자"라는 말은 비겁한 변명일 뿐이라고 비판했다. 이런 말은 5년 차 선배나 할 수 있는 말이지, 팀을 담당하고 있는 관리자가 할 말은 아니다. 그 팀장은 어려움을 겪는 팀원을 위해 기도뿐 아니라 힘들어하는 문제를 해결해야 하는 의무를 가진 사람이었다.

물론 들어주는 것만으로도 고민의 무게는 덜어지지만, 어른이라면 문제를 적극적으로 해결해야 하는 의무가 있다. 나는 본인이 공부하고 일하는 전문 영역에서 세상의 부조리를 고치기 위해 노력하는 어른들을 많이 만났다. 그들은 때로는 싸우기도, 협상하기도 하고, 필요하다면 직과 인생을 걸면서 자신의 의무를 다했다.

언어 감수성을 높이기 위해 싸우는 우아한 투사

20대 대통령 선거 이후 모든 언론은 대통령 '당선인'이라고 지칭했다. 하지만 나는 고집스럽게 '당선자'로 호칭하며 방송했다. 언어학자 신지영 교수가 지은 책《언어의 높이뛰기》를 읽으며 당선자가 옳은 표현이며, 당선자를 당선인으로 부르게 된 경위를 알고 나서부터다. 이한열 열사의 어머니 배은심 운동가가 사망한 후 나는 배은심 여사도, 배은심 어머니도 아닌 '배은심 운동가'라고 방송에서 말했다. 이한열 열사의 어머니만으로 평가되기에는 배은심은 민주주의 운동가로 불리기 충분했기 때문이다. 이 역시 여사라는 호칭이 부적합하다는 사실을 신지영 교수로부터 배웠기 때문에 시작한 고민의 결과였다. 이제 나는 이전에는 전혀 이상하게 생각하지 않았던 언어에 자주 궁금증을 가지고 신 교수에게 물어본다. 그녀는 나의 좋은 스승이다.

신지영 교수가 언론에 등장한 것은 몇 해 안 된다. 그녀는 학자로서 연구만으로 지식인의 의무를 다한다고 생각했지만, 큰 교통사고를 당하고 난 후 세상이 좀 더 좋아지는 방향에 자신의 전문성을 보태야겠다고 결심했다. 그때부터 방송 출연과 기고 등을 통해 세상을 자꾸 불편하게 했다. "우리, 이 말 계속 써도 되나요?"라며 가부장적이면서 유교적인 호칭과 언어 습관, 갑질 등 우리의 추한 이면이 담긴 언어 습관을 지적한다. 신 교수는 익숙한 표현이 담고 있는 다수자의 횡포를 지적하고, 소수자의 관점이 소외되어 있음을 자각하는 것이 언어 감수성을 높이는 일이라고 말한다.

신지영 교수는 끊임없이 지금 우리가 사는 세상을 현미경으로, 망원경으로 관찰한다. 그리고 그의 레이더망에 걸리는 표현은 여지없이 수술대에 오른다. 신 교수는 100번째 어린이날을 앞두고 〈외국인 어린이는 누구인가〉라는 칼럼을 썼다. 문화재청이 어린이날에 모든 궁과 능에 대해 '동반 보호자 2인 무료입장이 가능하다'고 공지하면서 그 글 아래 '외국인 어린이 제외'라고 적어, 많은 시민들이 외국인 어린이를 왜 차별하고 배제하느냐고 문제를 제기한 일에 대한 내용이었다. 결국 문화재청은 어린이날 특별 무료입장의 혜택을 '누구나'로 확대했다. 이 칼럼을 읽고 행정안전부에서 신 교수에게 앞으로 많은 조언을 해달라고 부탁했다고 한다.

하나의 칼럼으로 정부가 움직였겠는가. 신 교수는 2018년 공공언어에서의 외국인 차별에 대한 연구를 진행했고, 그때부터 다양한 경로로 문제를 제기했다. 이뿐 아니라 '주린이, 요린이' 등 초보자를 빗대는 말로 '어린이'라는 단어를 남용할 때 신 교수는 끊임없이 지적했고, 2022년 마침내 국가인권위원회에서는 '-린이'라는 말을 쓰지 말라고 결정했다.

> 예민하게 구는 것은 어려운 것이지 하지 말아야 하는 것이 아니다. 언어는 사용을 통해 습관화되면서 감수성이 무뎌지는 특성이 있는 만큼, 감수성을 가지고 예민하게 반응하는 것은 남들이 갖지 못한 능력을 가진 것이다. 대부분이 못 짚은 것을 대신 짚어준 것이니 칭찬하고 고마워해야 할 일이지 비난하고 조롱해야 하는 일은 아니다.
>
> - 신지영, 《언어의 높이뛰기》 중에서

알리고, 퍼트리고, 해결한다

기자는 알리고, 독자는 퍼트리고, 전문가는 해결한다. 탐사보도 전문 매체 셜록의 표어다. 셜록의 대표인 박상규 기자는 "나를 닮아 있거나 내가 닮아 있는 힘 약한 사물을 나는 사랑한다"라는 시구절로 자신을 소개한다. 그는 '익산시 약촌오거리 사건', '낙동강 2인조 살인사건' 등 돈 없고 백 없어 누명을 쓴 사람들의 재심을 이끈 기자로 유명하다. 그는 2021년 〈"아들아" 소리도 외면… 중병 아버지 굶겨 사망케 한 20대 아들〉이란 기사 이면의 진짜 이야기와 지금 우리 사회가 직면하고 있는 문제를 공론화 시켰다. 이 기사로 사람들이 피의자 강도영(가명)을 패륜아라고 욕하고 있을 때, 박상규는 '오죽하면 아들이 아버지를 죽였을까. 아들한테 불가피한 사정이 있지 않았을까? 당시 아버지는 어떤 심정이었을까?'라는 궁금증으로 직접 취재를 시작한다. 법원에 전화를 걸어서 판결문을 받고, 청년이 살던 집과 아르바이트를 하던 곳도 직접 찾아가 보고, 강도영에게 편지를 보내 인터뷰도 했다. 강도영이 그럴 수밖에 없었던 이유, 이 사건이 왜 개인의 문제가 아닌 사회의 문제인지 필요성을 설파했다. 박상규의 취재는 사회적으로 큰 반향을 일으켰다. 당시 대선 후보인 이재명 후보와 심상정 후보는 직접 강도영에게 편지를 보내기도 하고, 대선 공약에 '영 케어러(소득이 없는 상태에서 가족을 부양하며 학업도 병행하는 상황에 놓인 청소년 또는 청년) 문제'를 넣기도 했다.

조국 전 법무부장관과 한동훈 현 법무부장관의 자녀 입시 문제 보도가 쏟아질 때, 그는 미성년자 부정 논문을 파헤쳤다. 학교 측에 정보공개 청구를 했고 교육부에 감사청구서를 접수

했다. 기사만 쓰면 되지 뭘 그런 것까지 하냐는 질문에 그는 이렇게 답한다.

"문제 해결을 늘 우선으로 고민하겠습니다. 셜록의 궁극적인 목표는 세상을 좋게 바꾸는 것이니까요."

나는 그와 꽤 자주 만나는데, 그는 정말 자신이 사랑하는 시구절 "나를 닮아 있거나 내가 닮아 있는 힘 약한 사물을 나는 사랑한다"와 참 닮아있다. 그러나 그는 약하지 않다. 약한 자들을 위해 싸우다 보니 어느새 본인은 강해졌다. 박상규가 전하니 사람들이 그 이야기를 퍼뜨렸고 각 분야의 전문가들은 움직여 해결했다. 그게 박상규가 해결하는 방식이다. 세상은 그의 기사 분량만큼 바뀌어 있었다.

투사들이 만나 바뀌는 세상

그리고 또 한 사람의 행동하는 어른, 바로 전 중앙자살예방센터장, 한국트라우마스트레스 학회장인 경희대 정신건강의학과 백종우 교수다. 그는 진료실에만 있는 의사가 아니다. 우리 사회에 왜 이렇게 마음 아픈 사람들이 많은지 거리로 나가 직접 문제를 파악하고 해결하려고 애쓰는 활동가다. 백 교수는 나와 박상규 기자가 한 영 케어러 '강도영 사건' 인터뷰를 보고 내게 박 기자를 소개해 달라고 부탁했다. "내가 할 수 있는 일이 있을 것 같아요. 뭐라도 해봐야죠." 굵고 짧은 한마디였다.

이후 백종우는 정신건강의학과 전문의, 사회복지전문가 등 다양한 분야의 사람들을 모아 몇 차례 대책을 논의했고 소풍 가기 딱 좋은 어느 화창한 봄날, '간병 살인 이대로 둘 것인가'라는 심포지엄을 열었다. 10 · 29참사 직후 국민들의 트라우마를 대비한 성명을 발표했고, 하루에 몇십 개나 되는 언론 인터뷰를 소화했다. 나는 그를 '이 시대의 공공재'라 부른다. 백종우는 늘 자신이 할 수 있는 일을 찾고 행동한다.

변명이 아니라
행동해야 한다

어른이라면 '기다려 봐', '잘 되겠지'라는 비겁한 변명 따위는 집어넣고 행동해야 한다. 그리고 그 행동이 나를 더 좋은 어른으로 발전시킬 수 있음은 물론, 세상을 올바른 방향으로 바꿀 수 있어야 한다. 꼭 대단한 지식과 자리에 있지 않아도 되고, 사회적 이슈가 아니어도 괜찮다. 그저 내가 한 끼 먹은 밥의 양만큼만 행동한다면 나는 오늘 하루의 밥값은 한 것이다.

《아픔이 길이 되려면》의 저자 서울대 김승섭 교수는 어느 날 세월호 참사로 오빠를 잃은 한 여학생이 "사람들이 옳다고 생각하는 일을 하지 않아서 저희 오빠가 죽은 거잖아요. 여러분들은 자신이 옳다고 생각하는 일이 있으면 꼭 용기를 내주세요"라고 하는 말을 듣고, 세월호와 천안함 참사의 피해자들을 담은《미래의 피해자들은 이겼다》라는 책을 썼다.

당신이 지금 옳다고 생각하는 그 일을 하라. 해결하는 진짜 어른들이 많아진다면 이 세상은 좋아질 것이다. 왜냐하면 타인의 고민과 공동체의 어려움을 해결하기 위한 한 사람의 움직임으로 사회는 전진하기 때문이다.

어른의 1등은 달라야 한다

1등을 대하는 태도

종종 사람들은 나에게 묻는다. 어떻게 아이도 키우고, 일도 하고, 책도 쓰고, SNS도 열심히 하고… 어떻게 그 많은 일을 다 하냐고. 그때 나는 짠 내 나는 답변이 아닌 쿨내 나는 답변을 던진다.

"열심히 안 하면 돼요. 1등 하려고 하지 않으면 됩니다."

지금까지 나는 단 한 번도 1등을 해본 적이 없다. 늘 공부를 잘하지도 그렇다고 못하지도 않았다. 생각해보니 내 성격 탓이었다. 시험시간 내내 멍하니 앉아 있을 정도로 배포는 크진 않아서 문제를 풀 수 있을 정도로 공부는 했지만, 100점 맞겠다고 죽도록 준비하진 않았다. 무엇보다 자신에게 관대한 것이 문제였다. 다른 사람들은 시험 보고 나면 다 틀린 것 같다고들 하는데, 나는 내가 쓴 답이 다 정답 같았다. 줄넘기, 턱걸이, 리코더 등 예체능 평가에 밤낮으로 연습하는 친구들을 보면 나와 다른 모습이 멋있으면서도 '다양한 것에 열심인 사람들이 참 많구나'라고 생각했다.

이런 삶의 태도는 피디로 사는 지금도 마찬가지다. 다른 감독들은 자신이 제작한 프로그램이 완전하지 못한 것에 괴로워하는데, 나는 늘 내가 만든 프로에 만족한다. '어차피 봉준호 같은 천재들은 내가 일하는 판에 없어. 할리우드나 충무로에 있지. 이쯤이면 됐지 뭘 더 어떻게 해? 120퍼센트 죽을 애를 쓰든, 80퍼센트 할 수 있는 만큼 힘을 쓰든, 목표한 100퍼센트를 못하는 건 마찬가지면 나는 80만 할래.' 누군가 내게 "그래서 너는 1등을 못 한거야"라고 말하면 나도 긁적거릴 수 밖에 없다. 하지만 이렇게 다시 물어볼 자신은 있다. "1등 해서 뭐가 좋은데?"라고.

1등을 하지 않아서
할 수 있는 많은 것들

세상 모든 것의 얻음에는 대가가 있다. 공짜는 없다는 말이다. 1등을 하기 위해 힘을 쏟는 동안, 다른 부분의 행복과 관심은 놓쳐버릴 수 있다. 학창 시절, 나는 1등에 관심이 없어서 수많은 활동들을 할 수 있었다. 주말에 학원에 가서 공부하는 대신 교회에서 문학의 밤, 크리스마스, 부활절마다 행사를 기획하고 무대에 섰다. 고등학교 때는 학생 자율 토론 동아리에서 사회의 여러 문제들, 금기시 되는 주제들에 대해 토론하는 힘을 길렀다. 30년이 지난 지금, 나는 내 성적표에 찍힌 등수보다 학교가 아닌 곳에서 쌓은 경험의 조각들이 더 생생하게 기억난다. 독서실을 다니며 공부해서 받은 결과물인 성적이 아니라, 독서실을 오가며 들었던 라디오 〈별이 빛나는 밤에〉 시그널과 오감으로 만났던 계절의 변화가 남는다.

내가 이럴 수 있었던 것은 아무도 나에게 1등을 강요하지 않았기 때문이다. 나의 부모님은 단 한 번도 "1등 해야 한다"는 말은커녕 "공부해라"라는 말도 하지 않으셨다. 성적표를 들고 가면 "최선을 다했어?"라고 물어보셨고, 나는 늘 당당하게(라고 쓰고 '뻔뻔하게'라고 읽는다) "네" 하고 답했다.

부모가 등수가 아닌 최선을 다했냐고 묻는 것은 아이에게 결과뿐 아니라 과정까지 온전히 맡긴다는 뜻이다. 왜냐하면 이 질문 속 '최선'은 부모 기준이 아니라 아이 기준이기 때문이다. 아이의 최선이 부모가 보기에 만족하지 못하는 수준이라도 1등이 아닌 최선을 인정해준다면 아이는 자신만의 1등 분야를 만들 것이다. 결국 스펙이 아닌 스토리가 남는다.

1등의 결과가 '이생망'과 '자살각'이라면

성적으로 한 줄 설 일이 없는 어른이 되면 1등에서 자유로울 수 있을까. 그렇지 않다. 학창 시절에는 학업만 1등 하면 되는데, 어른이 되니 1등을 해야 하는 분야도 다양해졌다. 일의 성공, 자산 불리기, 게다가 내 자식까지 1등을 시키려니 학생 때 1등 하려고 했던 노력은 비할 것도 아니다.

나는 이렇게 1등이 되려고 혈안이 돼 있는 어른들을 볼 때면 답답해진다. 학창 시절 1등을 하기 위해 친구와의 추억, 다른 활동들을 포기해야 하는 것처럼 어른이 1등을 하기 위해서는 더 많은 것들을 잃어버린다. 회사에서 1등 하겠다며 자신의 성과 불리기에 집중하다 보면 협업의 효능, 나의 단점을 보완해주는 동료의 장점, 일의 스트레스를 잊게 해주는 사람의 위로 등을 절대 볼 수 없다. 1등으로 돈을 모으려면 자신과 타인을 위한 소비가 주는 만족감을 모른다. 내 새끼 1등 시킨다고 닦달하다 보면 아이의 시간표에서 그때만 보고 느낄 수 있는 성장의 순간을 놓치기 쉽다.

1등을 쫓아다니며 산 결과가 '이생망(이번 생은 망했어)'과 '자살각(자살하고 싶을 만큼 좋지 않은 상황)'이라면, 태어나서 죽을 때까지 1등 하려고 노력하며 사는 일을 이제는 멈춰야 하지 않을까. 1등 하려고 애쓰다 놓친 것들의 중요성을 발견하고 무게 중심을 옮겨야 한다.

그리고 또 한 가지 명심할 것이 있다. 우리는 모두 인생이라는 경주에 나선 선수들이며 최선을 다해야 하지만, 모두가 동일한 분야에서 1등 할 필요는 없다는 것이다. 수영에도 100미터와 500미터, 스케이트에도 피겨와 스피드 스케이팅 등 다양한 종목이 있듯이, 내 인생에 나만 1등 할 수 있는 여러 종목을 만드는 것이 더 현명하다.

최재천 교수는 다른 동물학자와는 다르게 민벌레를 연구했더니 세계 민벌레 일인자가 됐다. 그는 기를 쓰고 경쟁이 심한 분야에 들어가지 않고 하고 싶은 걸 했더니 자신의 분야에서 1등이 됐다.

'나는 휴일 없이 지낸 적도 3년 정도 있었고, 주 6일 근무를 30년 한 사람이다. 야근한 날도 아침에 출근해서 저녁때 퇴근했다.' 이렇게만 얘기하면 꼰대다. 반전은, 그래서 내가 할 줄 아는 게 없다는 사실이다. 혼자서 할 줄 아는 것도 없고, 가족들과 대화도 잘 못하고. 그러니까 그건 올바른 게 아니다. 꼭 주 52시간 근무제를 지켜주고 싶다.

– 손석희, 〈시사인〉 인터뷰 중에서

누군가 내게 “너도 김현정 피디처럼 유능하고 유명해져 봐”라는 말을 한 적이 있다. 언젠가 김현정 피디의 인터뷰 기사를 읽었는데 그의 하루 일정을 보며 ‘나는 절대 저렇게는 못 하겠다’는 생각으로 두 손을 든 적이 있다. 능력도 없지만, 의지도 없다. 나는 홈런은 못 쳐도 평타를 치며 끝까지 행복하게 내 일을 하는 종목에서 1등 하는 피디이고 싶다.

한 명이 남아야 승리하는 방석게임처럼 인생을 살았다면, 이제는 나만의 왕좌를 만들어보자. 세상의 1등 말고 ‘내 인생의 1등’ 멋지지 않은가. 어른의 1등은 달라야 한다.

그만 미안해하자, 우리

워킹 맘의 태도

첫아이를 임신했을 때 선배가 내게 조언을 했다.

"아이를 낳고 일하다 보면 분명 일을 계속해야 하나 그만둬야 하나 고민할 때가 오고, 선택의 기로에 설 때가 있어. 그때 남편도, 부모님도, 시댁도 그리고 너 자신도 당연히 네가 그만둬야 한다고 보이지 않는 압박을 할 거야. 절대 그만두지 마. 끝까지 버텨."

워킹 맘에게 꼭 필요한 두 가지 조건이 있다. 외부적 조건은 돈을 벌어야 하는 상황, 내부적 조건은 내가 하는 일이 미친 듯 좋아야 한다. 이 대내외적 조건 중 한 가지만 충족이 안 돼도 "내가 무엇을 위하여 이 짓을 하나" 하고 고민하게 된다. 그리고 엄마를 그만둘 수는 없으니 결국 회사를 그만두는 선택을 한다. 불행인지 다행인지 나는 이 두 가지 조건이 100퍼센트 충족된 경우라, 단 한 번도 일을 그만둘까 생각한 적은 없었다.

하지도 않은 희생 코스프레 할 필요 없다

우리 세대는 헌신과 희생을 하며 자라지 않았다. 배가 고파본 적도 없다. 그래본 적이 없으니, 자식을 위해 나의 꿈과 욕망을 포기하면서 살 수 없다. 그럼에도 불구하고, 착각한다. 나는 이 아이를 위해서라면 나의 모든 것을 포기할 수 있을 것 같다고. 그리고는 그렇게 하고 싶었던 일, 노력해서 이룬 꿈을 너무 쉽게 포기한다. 최윤영 전 MBC 아나운서는 분리불안 증세를 보이는 아이 때문에 퇴사를 했다. 엄마가 함께하니 아이는 안정을 찾았지만, 이후 우울증을 얻은 건 엄마 최윤영이었다. 어느 날, 그녀는 육아 사이트에서 같은 고민을 하는 워킹 맘에게 "무조건 아이 때문에 일을 그만두지는 마세요. 그것이 꼭 정답은 아닐 수 있어요"라는 댓글을 달았다.

나는 나 자신을 잘 안다. 넘치는 에너지를 주체할 수 없고, 남에게 인정받고자 하는 욕구를 감출 수 없다. 신에게 받은 달란트와 부모님이 물려주신 나의 장점으로 아이들만 키우고 싶지 않다. 나의 아이들이 귀한 만큼 나는 내가 귀하다. 나는 아마도 평생을 워킹 맘으로 살지 않을까 싶다. 그래서 나는 워킹 맘으로 살기 위한 몇 가지 원칙을 정했다.

죄책감을 버려라

대부분의 워킹 맘들은 말끝마다 "미안해"를 입에 달고 산다. 도대체 뭐가 그렇게 미안한가. 하루 종일 열심히 일하고, 퇴근해서는 아이들을 돌보고, 쉬고 싶은 주말에 최선을 다해 아이들과 함께한다. 그러면서 아이들에게 늘 죄책감을 느낀다. 나는 이런 워킹 맘에게 냉정하지만 단호하게 말한다. "그렇게 미안하면 일을 그만둬. 아이에게 미안해하면서 일을 할 이유가 없어."

만약 나의 엄마가 나에게 자주 하는 말이 "미안해"라면 나는 정말 싫을 것 같다. 엄마가 일하는 것에 대해 별 서운함이 없었는데도 엄마가 "미안해"라고 자꾸 말하면, 아이는 '우리 엄마가 나한테 단단히 잘못하고 있구나'라고 생각하지 않을까?

일을 하고 집에 돌아오면 달려드는 아이들이 부담스럽고 짜증 날 수 있다. 무턱대고 짜증을 내거나, 오늘도 함께 해주지 못해 미안하다는 사과 대신 엄마가 할 수 있는 다른 선택은 없을까? 나는 아이들에게 상황을 설명한다. "엄마가 오늘 너무 피곤해. 너희도 졸리면 짜증 나지? 엄마도 지금 그래. 조금만 엄마에게 시간을 주면 엄마가 빨리 에너지 충전할 수 있어. 그런 다음에 함께 놀자." 일하는 엄마가 돌아와서 피곤한 것이 자기들이 느끼는 피곤함과 동일한 것, 이렇게 당연한 상황으로 받아들인다면 아이는 엄마가 나랑 놀기 싫어서가 아니란 것을 알 것이다. 이는 사과가 아니라 양해를 구하는 것이다.

워킹 맘을 선택했다면 사과 남발 금지와 함께 전업 맘처럼 아이에게 해줄 것을 포기해야 한다. 할 수도 없으면서 욕심만 부리면 아이에게 미안할 뿐이다. 결국 이 죄책감은 아이에게 엄마가 일하는 것을 부정적으로 느끼게 하는 동시에 나 자신을 괴롭힐 뿐이다.

아이에게 '돈'이 아닌 '일'을 하는 이유를 말해주라

무엇보다 내가 가장 중요하게 생각하는 원칙이 있다. 아이에게 "엄마 돈 벌러 다녀올게"가 아닌, 엄마가 '일하는 이유'를 분명하게 말해줘야 한다는 것이다. 우리 아이들은 돌 지나고 모두 어린이집을 다녔다. 나는 큰아이 연우가 생후 10개월이 됐을 때부터 "연우야, 연우 생일이 되면 엄마는 회사를 가야 하고 연우는 어린이집에 가야 해. 엄마는 우리 아들을 제일 사랑하지만, 엄마의 일도 너무 좋아하거든"이라고 늘 말했다. 그리고 본격적으로 어린이집을 다니기 석 달 전부터 아이와 함께 어린이집에 가서 한 시간씩 놀다 왔다. 그러다 보니 아이는 어린이집이 엄마와 갑자기 떨어지는 장소가 아닌, 엄마와 늘 한 시간씩 놀던 익숙한 공간으로 친숙하게 여겼다. 워킹 맘으로 이 정도 수고는 당연히 해야 한다. 무엇보다도 아이를 온전히 키웠던 생후 1년 동안 젖을 물렸고 어딜 가나 2인 1조로 다녔다. 이 기간 동안 함께 보낸 시간이 우리 아이들이 앞으로 엄마랑 많은 시간을 보내지 않아도 엄마의 사랑을 의심하거나 결핍으로 다가오지 않도록, 적금을 드는 심정으로 최선을 다했다.

엄마의 일터에
아이를 데려가라

아이들이 조금 큰 후에는 종종 나의 일터에 데리고 왔다. 책상에 붙어있는 아이들의 그림, 컴퓨터 메인 화면에 있는 자신들의 사진을 보며 활짝 웃는다. 아이가 다니는 유치원에 엄마가 직접 가서 보면 안심이 되고 아이가 이곳에서 어떤 시간을 보낼지 상상하게 되는 것처럼, 아이들도 엄마의 일터에서 비슷한 감정을 느낀다.

나름 이런 원칙 가운데 최선을 다해 워킹 맘으로 살아온 선물인지 몰라도, 우리 아이들이 워킹 맘의 아이들로 잘 자라고 있다고 생각한 적이 있다. 연우가 "의사 선생님은 사람들을 고

치고, 소방관 아저씨는 사람들을 구하잖아. 엄마는 방송하면서 사람들을 도와주는 거지?"라고 내게 물었다. 엄마가 하는 일에 스스로 의미를 발견해 준 것이다. 초등학교 3학년 공개수업에서 필통에 있는 물건 중 가장 애착 가는 학용품을 소개하는 시간에 아이는 YTN 연필을 소개하며, 자연스럽게 엄마가 무슨 일을 하는지 친구들 앞에서 자랑했다. 눈물 나게 고마웠다. 아들에게 '내가 잘 살고 있구나'를 인정받은 기분이었고, 어느 누구에게 인정받은 것보다 자랑스러웠다.

둘째 연서는 어느 날 "엄마, 할머니는 우리를 보살펴 주시는 분이고, 엄마는 우리를 키워주는 사람이지"라고 말했다. 이 말은 아이들이 주 양육자를 누구로 인식하고 있느냐를 말해주는 아주 중요한 말이다. 비록 엄마보다 할머니와 시간을 더 보낸다 할지라도, 우리 아이들에게는 엄마가 명확한 주 양육자였다. 그렇게 여겨주니 얼마나 고맙고 다행이었는지 모른다. 쿨하고 호기롭게 워킹 맘의 태도를 썼지만, 활기차고 즐거울 때보다는 피곤하고 힘들 때가 대부분이다. 죄책감을 갖지 말라고는 했지만 나도 아이들에게 미안할 때가 당연히 있다.

결혼하고 세 아이를 키우느라 30대 후반에야 첫 앨범을, 그리고 9년 후 두 번째 앨범을 낸 가수 조동희는 자신과 똑같은 고민을 하고 있는 엄마들을 응원하고 싶었다. 그래서 〈꽃사과〉라는 노래와 함께 엄마 뮤지션들과 '엄마의 노래'라는 프로

젝트 앨범을 만들었다.

나는 엄마 가수들이 만든 이 앨범을 들으며 여러 번 울컥했고 여러 번 벅찼다. 엄마 뮤지션들과 엄마라는 역할의 무게를 조금은 나눠 지는 느낌이 들기도 했다. 다시 호흡을 가다듬는다. 다시 신발 끈을 꽉 묶으며 엄마 노동자로서 나의 태도를 점검해본다.

나는 매일 저녁 내일 뭘 입고 회사에 갈지 고민을 하고 잠들며, 매일 아침 아이들의 배꼽 인사를 받으며 회사에 출근해 아메리카노를 마실지 카페라테를 마실지 행복한 고민을 한다. 그리고 오후 6시, 화려한 밤거리를 뒤로하고 나의 아이들이 있는 집으로 돌아간다. 나는 행복한 워킹 맘이다. 일하는 엄마라 미안한 게 아니라, 일하는 엄마인 나 자신이 자랑스럽다. 워킹 맘들이여, 우리 이제 그만 미안해하자.

노 키즈 존은 틀렸다

어린이를 대하는 태도

어른이 되어 새삼스럽게 놀랐던 사실은 동화책의 작가는 어른이라는 것이다. 어릴 때 내가 읽고 보고 웃고 울었던 이야기들을 만들었던 사람이 어른이라니. 이미 닳을 대로 닳고, 해질 대로 해진 어른이 어떻게 아이의 콘텐츠를 만들 수 있을까.

어른이 되고 부모가 되어보니 아이와 동등한 시선을 맞추고 아이의 마음을 보고 만지는 일은 정말 어려운 일임을 알게 됐다. 그 이유는 아이를 어른보다 열등하고 미성숙한 존재로 여기기 때문이다. 최근 가장 많이 들었던 단어는 '주린이'다. 주식을 처음 시작한 초보자를 뜻하는 단어로 '주식'과 '어린이'의 합성어인데, 골린이(골프 초보), 요린이(요리 초보), 부린이(부동산 초보) 등 다양하다.

'어떤 것에 입문했거나 실력이 부족한 사람'을 어린이에 빗대 '–린이'로 일컫는 것은 아동에 대한 차별적 표현이라는 진정이 국가인권위원회에 제기됐고, 인권위는 아동 비하 표현에 대한 사회적 경각심을 위해 공공기관 공문서에 '–린이'라는 표현을 쓰지 않을 것을 권고했다.

'–린이'가 친근한 표현이지 무슨 아동 비하 표현이냐며 가볍게 생각하는 사람도 있을 수 있다. 하지만 '어린이는 초보'라는 인식 자체가 어린이를 완전한 인격체로 보지 못하게 한다면, 인권위의 권고는 옳다.

어린이는 몸이 작은 인간

한국사회는 어른들의 사회다. 어른들이 규정하고 그려내는 다양한 틀 안에서 온 사회가 움직인다. 인간이라는 보편 범주가 있음에도 생물학적 어른을 중심으로 일상적 세계가 돌아가고 있다. 아이들은 어른들의 가르침과 규정 속에서 액세서리처럼 존재하며, 어른들이 만들어낸 아이다움의 범주에 들어갈 때만 그 존재의 의미를 인정받을 수 있다.

그런데 우리가 분명히 기억할 것이 있다. 아이는 생물학적 범주이지, 존재론적 범주가 아니라는 점이다. 모든 '어른 사람'이 온전한 인간으로서 대우받아야 한다면, '아이 사람' 역시 온전히 인간으로 대우받아야 한다. 이러한 의미에서 아이는 없다. 다만 몸이 작은 인간과 큰 인간이 있을 뿐이다.

– 강남순, 《매니큐어 하는 남자》 중에서

나는 '몸이 작은 인간'과 '큰 인간'이 있을 뿐이라는 강남순 교수의 글에 큰 충격을 받았다. 왜 나는 아이를 존재론적으로 여기지 못했을까.

내가 아이에게 윽박지르는 대부분은 어른의 시각에서 아이가 부족하기 때문이다. 매일 아침 아이를 등교시키며 아이를 닦달하는 건 내가 아이의 시간을 기다려주지 못해서다. 돌아보면 겨우 3분, 5분만 기다려주면 되는데 "빨리 해. 늦겠다. 얼른 하라니까. 학교 안 갈 거야"라는 말을 아이 옆에서 랩처럼 쏟아낸다. 육아는 정말 나란 인간이 얼마나 형편없는지를 알게 해주는 것 같다. 내가 어른에게 이렇게 화를 내고 짜증을 내겠는가. 결국 아이는 약자니까, 부모는 자식에게 절대적인 존재인 걸 아니까 어떤 필터링 없이 아이에게 쏟아붓고 만다. 나도 이렇게 내 자식을 대하지만, 사회가 어린이를 대하는 태도는 정말 형편이 없다.

언젠가 아이와 함께 들어간 카페에서 노 키즈 존이라며 쫓겨난 적이 있다. 아이가 받은 사회로부터의 최초의 거절이었다. 아이는 내게 노 키즈 존이 무엇이냐고 물었고, 나는 차마 설명할 수가 없었다. 봄날의 개구리처럼 뛰고 새처럼 지저귀는 아이들의 수다가 어른들의 시간을 방해하고, 그러기에 출입을 막는다는 어른들의 천박한 발상을 어찌 설명할 수 있을까.

이후 나는 으리으리하고 화려한 카페에 잔뜩 기대하는 마음으로 들어갔는데 '노 키즈 존'이라고 쓰여 있는 간판을 보면 그 카페는 곧 무너져 내릴 모래성처럼 보인다. 노 키즈 존은 당연한 법적 권리일까?

> 법률상 직업의 자유와 영업의 자유는 인권의 침해를 수용하지 않습니다. 인격권에 대한 존중을 바탕으로 직업의 자유가 보장돼야 하는 거예요. 아이들의 출입이 영업의 자유를 침해한다고 해석될 여지가 없습니다. 술에 거하게 취한 것처럼 보이는 성인의 경우 난동을 부릴 것 같은 상황이 아니고는 출입 자체를 금지하지 않잖아요. 그런데 아동은 외모에서부터 차단을 당하는 게 옳은가요. 모든 아동이 폐를 끼친다는 편협한 사고를 가진 어른들이 아이들에게 배타심을 가르치고 있어요. 일전엔 아파트 단지 놀이터에 놀러 온 다른 동네 아이들을 어느 어른이 '주거침입'이라며 신고해 경찰이 출동한 경우도 있었어요. 그 아이들이 어떤 기억을 갖고, 공동체에 대해 어떤 감각을 갖게 될까요.
>
> – 민주사회를 위한 변호사 모임(민변) 아동청소년인권위원회 김희진 변호사, 〈경향신문〉 인터뷰 중에서

어린이에게 경어를 사용하라

방정환은 어린이는 인격을 가진 존중의 대상이라는 것을 확실히 알리기 위해 '어린이'란 말을 선택해 널리 알렸다. 이뿐 아니라 방정환은 김기식과 아동이 서로 경어를 사용하고 궁극적으로는 어른이 아이들에게도 경어를 사용하자는 어린이 운동을 전개하기도 했다. 김기식은 어린이를 언어적으로 하대하는 것은 유년에 대한 비인간적인 태도로 기를 꺾는 것이라고 설명했다.

– 신지영, 《1919년 보성전문, 시대 사회 문화》 중에서

100년 전, 신분제 시대에 어떻게 이런 생각을 하고 어린이에게 경어를 쓰자는 혁명적인 어린이 운동을 전개할 수 있었을까. 우리 엄마 아빠가 어린이였을 때, 내가 어린이였을 때, 그리고 내 아이가 어린이인 현재까지, 어린이였던 모든 어른들은 이 어른들의 덕을 입었다. 나는 노 키즈 존을 보며 100년 전 어른들의 이런 생각과 행동에 벅참과 부끄러움을 느꼈다.

모든 어른은 아이가 만나는 작은 지구다. 나보다 2~3배 큰 어른이 무릎을 꿇고 시선을 맞춰줬을 때, 존댓말로 인사를 건네줬을 때, 큰 손과 너른 품으로 안아줬을 때, 어떤 어른을 만

나느냐, 어른에게 어떤 환대를 받느냐는 아이가 어떤 세상을 만나느냐와 같다.

어른이 돼보니 어린이였던 내가 얼마나 귀했는지 알 것 같다. 어른이 돼보니 이 땅에 어린이들이 정말 소중하고 존재 자체만으로도 세상을 꽉 차게 할 수 있는 완전한 생명체라는 것도 배웠다. 우리 교회에서는 5월 어린이 주일을 꽃 주일로 지키는데, 이날은 마을 어른들이 아이들에게 꽃을 나누어주는 전통이 있다. 꽃으로도 때리지 말라고 했다. 꽃 같은 아이들 아니던가. 지금 어린이를 대하는 나의 태도를 점검해보자. 그러면 내가 어떤 어른인지 알 수 있을 것이다.

너는 씨앗이다
작고 여린 네 존재는
언젠가 세상에서 유일무이한 의미가 될 것이다

너는 희고 흰 눈이다
맑고 깨끗한 너의 미소는
누구도 흉내 낼 수 없는 순수요, 가능성이다
(중략)

너는 빛이다

밝고 아름다운 네 눈빛은

어둡고 탁한 세상을 빛낼 한 줄기 희망이다

(중략)

너는 모든 것이다

- 방정환, 〈너는 모든 것이다〉 중에서

괭이부리말 아이들은 어떻게 컸을까

가난을 대하는 태도

"오빠가 꼭 3등 상 받아올게!"

청정 남매가 선사하는 세상에서 가장 특별한 운동화 릴레이!

엄마의 심부름을 갔던 초등학생 '알리'는 그만 금방 수선한 여동생 '자라'의 하나뿐인 구두를 잃어버리고 만다. 동생은 오전반, 오빠는 오후반. 운동화 한 켤레를 번갈아 같이 신게 된 남매는 엄마 아빠한테 들키지 않고, 학교에도 지각하지 않기 위해서 하루에도 몇 번씩 아슬아슬한 달리기를 이어나간다.

그러던 어느 날, 어린이 마라톤 대회 3등 상품이 운동화라는 사실을 알게 된 알리는 자라에게 1등도 2등도 아니라 기필코 3등을 차지해서 새 운동화를 가져다주겠다고 약속하고 대회에 참가한다. 과연, 알리와 자라 남매는 새 운동화를 가질 수 있을까?

– 영화 〈천국의 아이들〉, 네이버 소개글 중에서

천국의 아이들은 정말 천국에 사는 걸까?

2001년작 이란 영화 〈천국의 아이들〉을 2021년, 영화 속 주인공 알리와 자라 남매와 나이가 똑같은 나의 아이들과 함께 봤다. 우리 아이들은 이 영화를 보며 이란의 풍경과 사람들을 낯설어 했다. 하지만 사실 아이들이 낯설어 한 것은 '가난'이었다. 방 한 칸에 온 가족이 모여 살고, 한 켤레 신발을 나눠 신고 오전반, 오후반으로 나누어 학교에 가는 모습을 보며 아이들은 "이게 무슨 천국의 아이들이야?"라고 물었다. 그럴 만도. 나의 아이들 일상에 어느 한구석도 그 아이들의 시간을 닮은 곳은 없었으니까. 나는 이 영화를 보는 내내 힘이 들었다. 아이들에게 응당 해야 하는 "얘들아, 알리와 자라는 가난해도 행복하단다"라고 말할 수 없었기 때문이었다.

다 떨어진 운동화를 나눠 신는 남매의 매일 속에 행복이 있기란 쉽지 않아 보인다. 운동화는 단순히 의(衣)의 문제가 아니라, 아이의 당연한 권리인 교육권이기 때문이다. 또한 집에서도 히잡을 쓴 소녀를 보면서 타문화의 범주로만 이해하기에는 히잡이 소녀들의 삶에 어떤 의미인지 알기에 마음이 불편했다. 알리가 부잣집에서 정원 일을 하는 아버지를 기다리며 부잣집 아들과 노는 장면 역시, 경제적 지위와 상관없이 동심으로 하나 되는 아이들의 우정보다는 확연하게 다른 두 아이의 차림과 주거환경이 더 보였다.

무엇보다도 20년 전 영화에 그려진 저들의 삶보다 지금의 삶이 더 못할 수도 있다는 현실이 뼈아프게 했다. 탈레반 재집권 이후 교육권과 직업 선택의 권리를 뺏긴 아프가니스탄 여성들, 공포와 굶주림에 떨고 있는 아이들, 지금의 무기력한 국민들은 어쩌면 신발 한 켤레를 번갈아 가며 신고 학교에 가는 영화 속 아이들이 오히려 천국이라고 할 수 있기 때문이다.

정말 미안하지만 나이가 들수록 '행복은 마음에서 나온다'라는 말이 전혀 와닿지 않는다. 특히 한 생명체의 의식주를 오롯이 담당해야 하는 부모가 되어보니 더욱 그렇다. 행복은 최소한의 생활 영위가 돼야 말할 수 있는 감정이다. 영화 〈기생충〉에서 "부자들은 다 친절해. 나도 부자면 저 사람들보다 더 좋은 사람이 될 수 있어"라는 대사는 진리다.

괭이부리말 아이들은 지금 어떻게 살고 있을까

소설《괭이부리말 아이들》은 일제강점기 때 병참기지였던 인천의 가난한 동네 사람들의 이야기이다. 나는 이 책을 대학에 들어가자마자 읽고 내가 모르는 세계가 있음을 깨달았다. 그리고 그 세계를 직접 만나고 싶어 공부방 봉사를 시작했다. 하지만 3개월도 안 돼 포기했다. 높은 산동네는 힐을 신고 올라가기에 벅찼고, 화려한 대학로를 지나 산동네로 들어가기엔 내 시간이 아까웠다. 그곳에서 만난 아이들은 내가 만났던 어린이들의 삶과 너무 달랐고, 눈빛도 언어도 달랐다. 내가 그 당시 가난함을 대하는 태도는 호기심과 동정이었기 때문에, 나는 그들의 삶에 깊이 들어갈 수 없었던 것이다.

《괭이부리말 아이들》이 출간된 지 20년이 지난 2021년, 김중미 작가는 신작 장편소설《곁에 있다는 것》을 출간했다. 지구상에서 단 한 번도 가난한 사람이 없었던 적이 없었고, 가난한 사람들의 무게가 가벼웠던 적이 없었지만, 나는 이 책을 읽으며 가난을 대하는 세상의 시선과 태도는 더 가난해졌다는 것을 깨달았다. 그리고 '쪽방촌 체험관' 같은 발상을 하는 빈곤에 대한 관음증을 가진 사람들 때문에 지금의 가난은 더 남루해져 있었다. 개천에서 용이 날 수 없는 세상, 가난이 가난을 낳을 수밖에 없는 불공평한 삶임을 우리 모두 알고 있는데도 가난을 개인의 능력으로만 판단하고 차별하고 있다. 그 결과, 타인의 빈곤의 고통에 예민해지는 것이 아니라 가난을 혐오하는 사회가 되었다.

나는 신작을 인터뷰한다는 핑계로 김중미 작가를 만나 20년 전 가난한 아이들을 가르치는 일을 포기했던 나를 고해성사했다. 김 작가는 나에게 "외면하거나 모르는 척하고 살 수 있는데, 나와 함께 여기에 살고 있는 사람들에 대해 확인하는 것 자체가 의미있는 일"이라며 나를 격려했다. 비록 도망갔지만 그때 내 눈으로 확인한 가난의 광경이 내 마음에 빚으로 남았고, 가난에 대한 어른의 태도를 갖게 했다.

몇 년째 기본소득에 대한 논란은 여전하다. "일하지 않는 자는 먹지도 말라"는 고전 구호를 내세우며, 실업급여는 젊은 아이들에게 마약을 주는 것이라 말하는 사람들에게 기본소득은 나라를 망하게 하는 지름길일 수밖에 없다. 그러나 이제 대한민국에 신발 한 켤레로 오전, 오후반을 나눠 학교에 가는 남매는 없을지 모르지만, 여전히 대한민국에는 알리와 자라 남매가 존재한다. 기본소득을 포함한 사회보장제도는 그들에게 알리와 자라를 학교로 데려다주는 한 켤레 운동화와 같다.

어른은 가난을 어떻게 대해야 할까. 가난은 불편하다. 한 사람의 인생 전체를 피폐하게 만들 수 있는 강력한 조건이다.

이 명제를 인정해야 다음 단계로 진전할 수 있다. 그러니까 나도, 이웃도 가난해서는 안 되고, 이를 위해 가난한 사람과 연대해야 한다. 그러니 제발 가난은 낭만이라는 말, 젊을 때 고생은 사서 한다는 말, 네가 게을러서 가난한 거라는 말은 이제 그만 멈추고, 아이들이 학교 갈 때 신고갈 수 있는 신발 한 켤레는 내줘야 한다. 그것이 국가와 어른이 할 일이다. 나이 들수록 입은 닫고 지갑은 열라는 말은 가난을 대하는 어른의 태도에도 적용된다.

남자가 흘리면 안 되는 두 가지

이대남을 대하는 태도

아들 연우가 여섯 살 때의 일이다. 태권도 사범이 남자는 울면 안 된다고 말했고, 연우가 "아니에요. 남자도 울 수 있어요"라고 이야기했더니 사범님이 화를 냈다는 내용이었다. 아이가 아무리 어려도 아이의 삶에 끼어들지 않는 것이 나의 원칙이지만, 태권도 학원에 전화를 해서 상황을 물어봤다.

사범은 당황한 것 같았으나, 곧 솔직히 인정했다. "네, 어머니. 남자 화장실에 가면 '남자가 흘리면 안 되는 두 가지'라는 글이 있거든요. 그래서 남자 아이들에게 가르쳐줬는데, 연우가 남자는 울어도 된다고 하길래 주변에 남자 아이들도 많고 그래서 제가 좀 혼을 냈어요." 그의 대답에서 익숙한 남자 어른의 호기가 느껴졌다. 하지만 나 역시 이렇게 되받아쳤다.

"사범님. 연우에게 제가 그렇게 가르쳤어요. 저는 남자도 울 수 있다고 생각해요. 남자 아이들에게 어릴 때부터 '남자는 울면 안 돼'라고 알려주는 것은 결국 어른 남자가 세상을 어렵게 사는 시작점이라 생각해요."

> 나는 희망한다.
> 내 아들이 자신의 솔직한 내면을 분노와 방어라는 방패 뒤에 감추지 않기를.
> 다른 사람을 진심으로 믿기를.
> 정서적으로 풍만해 다른 사람의 감정에 쉽게 공감하고, 표현이 풍부하고, 이해심 있고, 자기 삶을 건강하게 책임질 줄 알기를.
> 소년기의 정서적 삶을 빼앗기지 않고 소년다운 열정을 간직하기를.
>
> **- 문용린, 《아들 심리학》 중에서**

솔직히 고백하면 아들을 키우기 전에는 남자들은 원래 단순하고 무식하고 어눌하다고 생각했었다. 그런데 아들을 키워보니 그렇지 않았다. 물론 남자와 여자의 타고난 차이는 있지만, 나의 아들은 세심하고 잘 울고 잘 웃고 자신의 감정 표현에 능했다. 내가 생각한 대부분 남자의 특징은 '남자로 살아야 하는' 교육에 의해 만들어진 결과임을 곧 깨달았다.

그래서 나는 아들 엄마가 된 순간부터 다짐했다. "남자는 원래 그래, 여자는 원래 그래"라는 남녀 편견을 갖게 하는 말이라던가, "이런 일은 남자가 하는 거야"라는 성 역할을 한계 짓는 말은 하지 않기로. "남자는 울면 안 돼"처럼 자연스러운 감정 표현을 억제하는 말은 하지 않으리라 다짐했다.

이대남의 등장

2021년 서울시장 재보궐 선거에서 오세훈 국민의힘 서울시장 후보는 무려 이대남(20대 남성)의 72.5퍼센트의 지지를 얻고 당선됐다. 오랜 시간 우리 사회의 구호인 '여성 차별'에 반기를 들고 '남성 차별'을 주장했던 이대남들은 곧 정치권의 중요한 프레임 중 하나가 됐고, 이는 20대 대선까지 유효했다.

자신들의 진짜 이야기와 고민을 아무도 들어주지 않는다는 이대남들의 불만과 절망이 세력화가 됐고, 결국 정치권의 좋은 먹잇감이 됐다. 정치권은 이대남이 지금 무엇을 고민하고 있는지에 대한 관찰과 성찰 없이 그들의 분노에만 관심을 가졌고, 그 분노를 이용해 갈라치기를 했다. 그런데 오히려 정치인들의 이 정치공학적인 계산 때문에 진짜 이대남의 상황이 어떤지, 그들이 무엇을 원하는지는 더 주목받지 못하는 악순환이 반복됐다. 그 속에서 20대 남자 청년들은 병들어갔다.

정신과 전문의들은 이대남의 주된 특징으로 만성적인 무기력, 공허함 등을 꼽는다. 날이 갈수록 더 치열해지는 경쟁 사회, 여전히 변하지 않은 아들에 대한 기대와 기준, 거기에 못 미치는 현실은 자존감을 더 떨어지게 하고 삶에 대한 희망은 없다고 믿게 한다. 전쟁과 경쟁이 남자다움의 증표라는 낡은 관념을 깨야 이대남들이 살 수 있다.

지금 당장 숨 쉴 곳이
필요하다

코로나19 확산 초기, 대구 확산의 주요 원인으로 꼽혔던 신천지(신천지예수교 증거장막성전). 기성 교회에서는 젊은이들이 떠나가는 반면, 이단 종교인 신천지는 청년 성도들이 굉장히 많았다. 가스라이팅과 잘못된 교리로 청년들의 삶을 앗아감에도 불구하고 청년들이 그곳을 떠나지 못했던 이유는 가정에서조차 몸과 마음을 편히 둘 수 없는 청년들에게 신천지가 공간과 시간을 내어주는 공동체가 돼 줬기 때문이다.

기성 교회는 고등학교 졸업 후 청년부로 진학하는데, 대학 진학을 하지 못한 사람들이나 취업을 한 친구들이 청년부에서 함께 종교 활동을 이어가는 것이 쉽지 않다. 왜냐하면 설교나 프로그램 자체가 대부분 대학생을 중심으로 설계됐기 때문이다. 물론 대학생 역시 청년부 안에서 진정한 안식을 얻기는 쉽지 않다. 대학 진학 여부, 대학의 수준과 취업한 회사, 누구와 결혼하는지가 하나님께 받은 축복의 기준이 되었기 때문이다. 실제 나는 이런 시각 때문에 상처받아 교회를 떠나는 청년들을 그동안 많이 봤다.

교회가 여전히 남성 중심적인 구조인 것도 청년들을 힘들게 한다. 기성세대인 목회자가 설교 중에 너무나 당연하게 직·간접적으로 사회가 만든 남녀의 역할을 강요하는 상황에서, 어떻게 있는 그대로 자신을 보여주고 아픔을 털어놓을 수 있겠는가. 언젠가 인터뷰한 이대남이 "숨을 곳이 필요하다"라고 했던 말이 아직도 가슴에 남는다. 하루하루 사막을 걷는 청년들에게 지금 필요한 천국은 사후에 가는 곳이 아닌 살아있는 지금, 오늘 하루 내가 쉴 수 있는 곳이다. 이처럼 기성 교회는 영원한 천국은커녕 하루 동안의 천국도 되어주지 못했고, 목마른 사람들을 더 주리게 했다.

'무거운 짐 진 자 다 내게로 오라'는 교회에서조차 나의 존재를 있는 그대로 존중해주지 않으며 경쟁의 대상으로만 여기는데, 도대체 어디에서 남자 청년들이 얽매이지 않고 자유로울 수 있을까. 이대남들에게는 성별과 관계없이 각자의 존재성을 인정하고, 신뢰를 보내는 공동체가 필요하다. 제발 소변기 앞에 있는 '남자가 흘리면 안 되는 두 가지'는 떼버려라. 그들에겐 세 살 남자 꼬마로 돌아가 마음껏 울 수 있는 엄마의 품 같은 장소와 시간이 필요할 뿐이다.

아들아, 남자로 살지 말고 사람으로 살아라

백명재 경희대 정신건강의학과 교수는 코로나19 확진자 3천 명을 대상으로 '코로나 우울 극복 대국민 심층 상담'을 진행했는데, 확진자의 비율은 남녀 비슷하지만 정신건강 평가를 받고 상담을 받는 비율은 여성이 남성보다 2배 이상 많았다고 발표했다. 서울시자살예방센터 역시 코로나19 이후 20~30대의 위기 전화 상담이 22퍼센트 증가했는데, 20~30대 여성이 40퍼센트, 남성의 전화는 20퍼센트 증가로 절반이 채 안 된다고 분석했다.

꼬맹이들은 넘어지고 아프면 운다. 이때의 울음은 자극에 대한 당연한 반응이다. 자기 몸 하나 아직 가누기 어려운 남자아이가 넘어졌는데 "울지마, 남자는 그렇게 우는 게 아니야"라고 아무 생각 없이 말하는 어른들을 보면 당신은 아플 때 눈물이 안 나냐고 묻고 싶다. 아프고 힘든데 울지 않는 것이 병이

지, 우는 건 병이 아니다.

아들의 눈물을 틀어막아서 얻는 건 센 척, 용기 있는 척, 감정에 무딘 척하는 스킬 뿐이다. 이것들이 자존심을 지키는 일인 줄 아는 남자들은 부정적인 감정을 자연스럽게 받아들이고 표현하는 법을 배우지 못한다. 남자아이에게 눈물을 허락한다는 것은 실패와 좌절을 허락한다는 것이다. 실패를 인정하고, 두려움을 인정하는 것이 나를 지키는 것임을 알려줬으면 좋겠다. 기쁠 때 웃는 것처럼 슬플 때 우는 것은 자연스러운 일이며, 아름다운 것을 보고 감탄하는 것처럼 좌절 가운데 울고불고하는 것이 순리임을 알기를 바란다.

우는 것이 금기사항이 아니라면, 오히려 아들은 눈물의 참된 의미를 알게 될 것이다. 눈물이 주는 치유의 힘과 배설의 희열을 느낄 것이고, 그러다 보면 오히려 눈물을 흘려야 할 만큼 고되고 슬픈 일을 잘 견뎌낼 수 있는 힘이 생길 것이다.

이 땅의 아들들아, 울어라. 많이.

그리고 엄마들이여, 아들의 눈물을 허하라. 그것이 당신의 아들을 더 단단하게 할 것이다.

더 이상 외면해서는 안 된다

성범죄를 대하는 태도

2019년 봄은 꽃이 아닌 아이돌의 스캔들과 범죄로 물들었다. 승리, 정준영, 최종훈, 이종현 등이 메신저에서 주고받은 대화와 동영상은 평소 이들이 여성을 아니, 사람을 어떻게 인식하고 대하는지를 그대로 보여줬다. 이들은 여성과의 만남을 게임으로 즐기고 있었으며, 동물의 세계나 통용되는 원시적이고 본능적인 수컷들의 힘자랑을 하고 있었다. 2016년, 강남역 화장실에서 여성이라는 이유로 한 여성이 살해당했고, 2022년 가을에는 한 여성이 스토킹하던 동료에 의해 일터에서 살해당했다. "할머니로 자연사하는 것이 꿈"이라는 여성들이 늘어나고 있다.

희야 날 좀 바라봐 너는 나를 좋아했잖아
너는 비록 싫다고 말해도 나는 너의 마음 알아

사랑한다 말하고 떠나면 나의 마음 아파할까 봐
뒤돌아 울며 싫다고 말하는 너의 모습 너무나 슬퍼
- 이승철, 〈희야〉 중에서

데이트 폭력, 스토킹, 교제 살인과 관련된 뉴스가 잊혀질 만하면 들리는 요즘, 감미롭게 들리던 이 노래 가사가 갑자기 끔찍해졌다. 헤어지자는 여성에게 '너는 나를 좋아했잖아'라며 자신을 바라봐달라는 남자, '너는 나를 싫다고 말하고 있지만, 사실은 날 사랑하고 있다는 것을 잘 안다'는 멍청하고 폭력적인 이 남자를 어찌해야 할까.

밤길 조심해본 적 있나요

남자들은 어두운 길을 지나갈 때 두려워하지 않는다는 사실을 알게 된 후, 충격을 넘어 억울하기까지 했다. 아주 어릴 때부터 죽을 때까지, 나를 포함한 여성들은 진학, 취업, 여행, 심지어 집 앞 산책까지 인생의 크고 작은 것을 선택할 때 '안전'에 대한 고려가 기본이다. 혼자 사는 여성 후배는 야근 후 집에 돌아갈 때 '서울시 안심이' 앱을 실행한다. 앱에서 경로를 설정하면 도착할 때까지 가는 길목의 CCTV가 다 촬영되고,

혹시나 핸드폰 수신이 안 되면 바로 전화로 안전을 확인한다. 이 유별난 일을 매일 저녁 하는 수고로움이 바로 여성의 퇴근길과 남성의 퇴근길의 다른 무게다.

이쯤 되면 나의 아들이 "왜 나를 잠재적 가해자 취급을 하냐"고 따질지도, 나의 딸이 "왜 나를 잠재적 피해자로 여기냐"고 할지도 모르겠다. 〈경찰범죄통계〉에 따르면 2020년 강력범죄(살인, 강도, 성폭력, 방화) 피해자는 24,332명인데 남성이 2,821명, 여성은 21,006명, 성별불상이 505명이다. 성별불상을 제외하면 피해자 중 남성이 11.8퍼센트, 여성이 88.2퍼센트이다. 또한 여성 피해자의 95퍼센트가 여성 성범죄 피해자이며, 〈한국형사 · 법무정책연구원〉 통계에 따르면 20세 이하와 30세 이하의 연령층에서 여성 피해자의 비율이 90퍼센트 이상으로 압도적으로 높게 나타났다. 아들의 투정을 받아주기엔 너무 압도적으로 여성 피해자가 많다.

"남자는 여자가 자기를 무시할까 봐 두려워하지만, 여자는 남자가 자기를 죽일까 봐 두려워한다"는 마거릿 애트우드의 말처럼, 자신만 조심하면 되는 잠재적 가해자보다는 위협으로부터 자신을 보호해야 하는 잠재적 피해자로 사는 것이 훨씬 무겁고 피곤한 일이다. 그렇다면 우리는 무얼 해야 할까.

불편해, 하지 마, 도와주세요

나의 아들, 딸이 어린이집에 가서 가장 먼저 배워온 말은 "불편해, 하지 마, 도와주세요"였다. 불편하다면 하지 말라고, 명확하게 자신의 의사를 표현한다. 그런데도 상대방이 계속 그 행동을 할 때면, 참지 말고 도움을 요청해야 한다는 기본 원리다. 성범죄는 관계 가운데서 일어난다. 상대가 "싫다"라는 의사를 밝혔다면 자의적으로 해석하지 말고 있는 그대로 받아들여야 한다.

남자들이 호기롭게 하는 '열 번 찍어 안 넘어가는 나무는 없다'느니, '여자의 싫다는 말은 예스'라느니 이 같은 말은 바로 남자들의 착각의 시작이다. '싫다'는 말은 좋은데 쑥스러워서 튕기는 것이 아니라 진짜 싫은 것이다. 그냥 싫은 게 아니라 너~무 싫은 건데, 그것도 모르고 열 번 찍다가는 그 도끼로 찍힐지도 모른다. 이제는 열 번 찍으면 넘어가는 게 아니라, 경찰에 잡혀간다는 것을 명심해야 한다.

또한 여성들이 명심할 것은 "불편해, 하지 마"의 다음 단계는 "도와주세요"라는 것이다. 불편함을 말하고 하지 말라 요청하는데도 못 알아듣는 사람을 계속 혼자 상대할 수 없다. 그럴 때는 도움을 요청해야 한다.

혼자 사는 20대 여자 후배가 짐을 싸 가지고 나왔다. 옆집에 사는 남자가 당당하게 "택배상자를 보고 전화번호를 알았다"며 호감이 있다는 내용의 문자를 보냈다. 그는 이 일을 남성이 여성에게 호감을 표현하는 자연스럽고 건강한 일이라고 단단히 착각하고 있었다. 후배는 이건 명백한 불법행위며 불편하다고 표현했음에도, 그는 아랑곳하지 않고 심지어 반말로 계속해서 문자를 보냈다. 안전에 위협을 느낀 후배는 경찰에게 찾아갔지만 돌아오는 대답은 "아가씨가 이사 가는 것 외에는 할 수 있는 것이 없다"였다. 피해자가 가해자를 피해야 하는 상황. 후배는 이렇게 말했다.

"내가 너무 열등하게 느껴졌어요. 스스로 아무것도 할 수 없는 것도, 도움을 요청하는 것도, 돌아오는 답변까지 모두 절망적이었어요."

도움을 요청하는 것은 열등한 것이 아니다

미국 최초의 페미니스트 마거릿 풀러는 "완전히 남성적인 남자도 없고, 순전히 여성적인 여자도 없다"고 말했지만 남녀의 하드웨어는 분명히 다르다. 아들과 딸을 키워보면 다른 건 몰라도 물리적인 힘은 다르다. 같은 개월 수에 몸무게가 똑같은 남자아기와 여자아기를 안았을 때의 묵직함은 천지 차이다. 옆에서 자는 열 살 아들 발에 맞아봤는가? 진짜 아프다. 나도 모르게 욕이 나오고 욱해서 펀치가 나갈 만큼 아프고 눈이 번쩍 떠진다. 여성 중에 특별한 신체조건이나 힘을 갖춘 사람은 드물다. 하지만 체구가 작더라도 남자들은 신체적인 힘과 우위를 갖추고 있다. 이런 물리적 차이를 남자와 여자 모두 인정해야 한다. 차이를 인정하면, 이런 차이가 차별을 불러올 수 있는 이유가 될 수 없다는 것을 알게 된다.

그러므로 이런 물리적 차이로 인해 생기는 불안함과 불편함으로 도움을 요청하는 것은 열등하게 느껴질 일이 아니다. 특히 경찰에게 나의 안전에 대해 도움을 요구하는 것은 시민으로서 당연히 누려야 하는 권리다. 열등한 건 불법을 자행하면서 영화 속 로맨스를 꿈꾸는 옆집 남자와 "무서우면 이사 가라"는 말로 자신의 의무를 다하지 않은 경찰이다.

우리는 외면해서는 안 된다

We cannot let them die with him.

We have to keep hearing them.

We must not turn away, We must not turn away.

우리는 그들이 그와 함께 죽게 내버려 둘 순 없습니다.

우리는 계속 귀 기울여야 합니다.

우리는 외면해서는 안 됩니다, 우리는 더 이상 외면해서는 안 됩니다.

- 미국 바이든 대통령, 경찰의 과잉 진압으로 사망한 조지 플로이드를 추모하며

더 이상 구조적인 여성 차별은 없다고 외치며 '여성가족부 해체'를 주장하는 세상이지만, 불행히도 여전히 여성들은 아직도 물리적으로 사회적으로 안전하지 않다. 그리고 한쪽 성만 안전하다면 절대 우리 사회는 완전할 수 없다. 강남역 사건 때도, 신당역 사건 때도 붙어있었던 포스트잇의 글귀처럼 나는 우연히 운이 좋아서 살아남고 싶지 않다.

더 이상 우리 아들을 잠재적 가해자로, 우리 딸을 잠재적 피해자로 살게 할 수 없다. 그러므로 남성들은 자각하고 변했으면 한다. 밤길에 여성의 뒤에서 걷는 일이 여성에게 위협이 될 수도 있음을 알고 앞장서 걸어주는 배려부터, 성범죄인 줄도 모르고 저지르는 무지한 남성들을 앞장서서 제지하고 신고하고 항의하는 일까지, 자신은 잠재적 가해자가 아님을 증명하면 된다.

여성 역시 잠재적 피해자라는 굴레를 벗어나려면 적극적

으로 저항하고 싸워야 한다. 나의 불안이 당연한 것이 아님을, 안전 때문에 내 산책을 포기하고 오지 여행을 접는 일이 없도록 말이다. We must not turn away. 우린 더 이상 외면해서는 안 된다.

봄꽃 사용법

세월호를 대하는 태도

"엄마. 〈천개의 바람이 되어〉라는 노래 알아? 오늘 선생님이 들려주셨어. 언니 오빠들이 수학여행 가다가 배 사고가 나서 다 바람이 됐대."

세월호 참사는 2014년, 딸 연서를 임신했을 때 일어났다. 2022년, 초등학교에 입학한 연서가 세월호 이야기를 하는 걸 들으며 문득 '태중에 품었던 아이가 학교를 갈 만큼 시간이 흘렀구나' 자각했다. 참사의 내용이 무엇인지 아직 잘 모를 텐데도 아이는 노래를 들으며 아주 많이 슬퍼했다. 그 모습을 보며 연서를 뱃속에 품고 매일 울며 세월호 관련 인터뷰를 했던 당시가 떠올랐다.

세월호 참사 백일 후. 나는 〈세월호 엄마들의 이야기〉라는 라디오 다큐멘터리를 제작했다. 프로그램을 제작할 때 피디는 기획의도와 구상을 구체적으로 세우고 취재하지만, 이때는 내가 무엇을 취재해야 할지 생각하지 않고 그냥 엄마들을 만났다. 수학여행의 추억을 가진 사람으로서, 아이를 가진 엄마로서, 내 자리에서 할 수 있는 일이 무엇이든지 뭐라도 하지 않으면 이 슬픔이 나를 잠식할 것 같았다. 국민의 한 사람으로서 아파하는 것, 그리고 피디로서 내가 할 수 있는 일은 엄마들의 눈물을 세상에 알려 주는 것이라 생각했다.

세월호 가족들 사이에 언론에 대한 불신과 적대감이 커져 있던 때여서 엄마들을 만나러 가는 것 자체가 조심스러웠다. 나의 마음과 의도가 무엇이든지간에 자녀를 황망하게 수장시킨 엄마들에게 마이크를 들이대는 것이 폭력으로 느껴졌다. 나는 마이크 대신 핸드폰으로 엄마들의 육성을 녹음했고, "YTN 라디오 김혜민 피디입니다"라는 말 대신 "저는 두 살 아기 엄마고, 뱃속에 3개월 된 아기가 있어요"라고 첫인사를 했다.

저도 엄마예요

"저도 엄마예요"라는 인사는 모든 엄마들의 경계를 허물고 마음의 문을 열게 하는 만능 키였다. 다리에 힘이 풀려 앉아있던 세월호 엄마들이 나에게 자리를 양보했고, 임산부가 이 슬픈 곳에는 뭐하러 왔냐고 내 걱정을 했다. 엄마들 이야기를 듣다가 내가 너무 울기라도 하면, 오히려 내 눈물을 닦아주며 아이 건강하게 낳고 잘 키우라고 덕담을 해주셨다.

사고가 난 지 고작 백일, 아이의 시신조차 찾지 못한 엄마들도 많았던 그때 울고 부르짖는 일 말고는 할 수 있는 일이 없었던 세월호 엄마들. 그들이 유일하게 웃고 숨을 쉰 것은 함께 있을 때였다. 아이가 떠난 것을 전혀 실감할 수 없었던 엄마들은 세월호 엄마들과 함께 있을 때는 현실을 잊어버린 듯 아이들 이야기를 하며 수다를 떨었다. 아이러니하게도 나에겐 엄마들의 수다와 웃음이 가장 아픈 기억이다.

나는 학생들을 대피시키고 희생된 단원고 전수영 선생의 엄마도 만났다. 선생님의 시신이 발견되고 장례를 치른 지 얼마 안 된 시간, 선생님의 방에서 어머니와 인터뷰를 나눴다. 어머니는 전수영 선생의 어린 시절이 담긴 육아일기를 손수 읽으며 여전히 믿기지 않는 현실 가운데 오열했다. 딸의 아랫니가 나던 때, 엄마라고 처음 말해줬을 때, 첫걸음을 시작했을 때의 감격과 희열이 생생하게 다가오는데 딸은 이제 없다. 어머니는 딸과 이별하던 날, 딸의 머리카락 한 움큼을 잘라 가지고 왔다고 했다. 그리고 학생들을 위해 자신의 목숨을 바꾼 딸의 선택이 자랑스럽다고 말했다.

세월호 참사에 대해 열심히 방송했고 세월호 엄마들까지 만났지만, 나도 살다 보니 잊게 됐고 슬픔의 강도와 밀도도 열어졌다. 자라나는 내 새끼를 보면서 내 아이가 없는 세상은 생각도 할 수 없기에, 아이를 잃은 엄마들의 아픔을 기억하기보다는 외면하고 싶은 마음도 생겼다. 그렇게 잊어가던 세월호를 여덟 살 딸아이가 다시 기억나게 한 것이다.

아이의 담임 선생님은 세월호에서 희생된 언니 오빠들 이야기뿐 아니라, 전수영 선생님의 고귀한 희생에 대해서도 알려줬다.

"엄마. 어떤 선생님은 먼저 탈출했는데 학생들 구하러 다시 배 안으로 들어갔었대."

"응. 그 선생님 이름은 '전수영'이야. 엄마가 선생님 엄마도 만났었는데, 선생님 엄마는 너무 슬프지만 딸을 자랑스러워 하셨어."

눈물이 가득 찬 얼굴로 이야기하는 딸을 꼭 안고 나도 오랜만에 세월호 때문에 울었다. 그리고 8년 만에 전수영 선생님 어머님께 메시지를 드렸다.

> 어머니, 안녕하세요.
>
> 저는 YTN라디오 김혜민 피디입니다. 세월호 백일쯤 〈세월호 엄마들의 이야기〉 다큐 때문에 선생님 방에서 인터뷰했는데, 기억이 나시는지 모르겠습니다.
>
> 그때 배 속에 있던 딸아이가 올해 학교에 갔습니다. 학교에

서 담임 선생님께서 전수영 선생님 이야기를 해줬다고 하더라고요.
아이들을 구하기 위해 다시 배 안으로 들어갔다고….
그래서 제가 선생님 방에서 어머니와 인터뷰했다고 말했습니다.
8년이 지나도 아픔이 전혀 나아지지 않겠지만,
배 속에 있던 아이가 학교에 가서 세월호 언니 오빠와 선생님 이야기를 듣고 기억하고 있으니 조금의 위로가 되셨으면 좋겠습니다.
아이에게 꼭 전 선생님에 대해 계속 이야기하겠습니다.
건강하게 잘 지내세요, 어머니.

기억해줘서 고맙다

어머님은 "8년이 지났는데도 여전히 기억해줘서 고맙다"고 하셨다. 어머니의 답장에 '기억'의 힘을 다시 깨달았다. 나에게 다시 세월호를 기억하게 해준 딸, 그리고 딸에게 세월호 이야기를 해준 담임 선생님께 감사의 메시지를 드렸다. 선생님은 우리 모두가 꼭 기억해야 하는 일이기에 매년 아이들과 세월호 희생자를 추모하는 시간을 가진다고 말씀하셨다.

8년이 지난 지금 세월호를 위해 뭘 더 해야 하냐고, 뭘 더 할 수 있냐고 묻는 사람들에게 나는 "기억하고 말하라"라고 답하고 싶다. 매년 4월, 아이들에게 세월호에 대해 알려주는 선생님이 없었다면 우리 아이는 자기가 태어나기 전 세상에 별이 된 세월호 언니 오빠들에 대해 몰랐을 것이다. 그리고 딸이 나를 다시 깨우지 않았다면 나는 더 이상 세월호에 대한 방송을 하거나 글을 쓰지 않았을지도 모른다.

> 우리가 기억하기 위해 애도해야 하고, 참사의 상처와 함께 계속해서 살아남기 위해 기념해야 합니다. 고통스러운 일이지만 그것은 우리가 인간으로서 살아남을 수 있는 유일한 길이기도 합니다.
>
> - 김승섭, 《미래의 피해자들은 이겼다》 중에서

'시간 앞에 장사 없다. 시간이 흐르면 다 잊혀진다'는 맞는 말이다. 그래서 시간과 망각에 맞설 수 있는 것은 '함께 말하고 기억하는 것'이다. 그 작은 목소리들이 합쳐져 잊고 있던 사람들을 다시 기억하게 만든다. 그리고 그 기억은 다시는 이런 참사가 되풀이되지 않도록 우리를 각성하게 한다. 죽은 자를 기억하는 일이 산 자를 살게 한다.

365일 중 꽃이 피는 날은 단 며칠, 이후 꽃은 지지만 정확하게 제때 다시 핀다. 꽃이 피어있는 동안만이라도 세월호를 기억하다 잊어도 괜찮다. 매해 4월 피는 봄꽃을 세월호를 기념하는 데 사용해야겠다.

참 미안한 일이죠

염치를 대하는 태도

TBWA 코리아 조직문화연구소 박웅현 소장을 오랜만에 만나 인사를 건넸다. "선배. 그동안 잘 지내셨어요? 코로나 때문에 고생은 하지 않으셨어요?" 그는 잘 지냈다는 답에 한 마디를 덧붙였다. "참 미안한 일이죠."

내가 잘 지내는 일이 왜 미안한 일일까. 코로나 시대, 모두가 고생했지만 누군가는 목숨을 잃었고, 가족을 떠나보냈고, 사업을 접었다. 그런 때에 건강하게 변함없이 일을 하고, 가족들과 함께 일상을 보내는 일은 미안한 일임이 분명하다. 이 미안한 마음이 바로 '염치'다.

디지털 시대의 디지털 윤리라는 새로운 개념을 쓴《DQ 디지털 지능》의 저자 박유현 박사는 '조두순 사건' 때문에 이 책을 썼다. 사건 직후 박 박사는 우리나라의 한 뉴스 사이트에서 두 개의 이미지를 보게 되는데, 조두순에게 최고 형량이 선고

되기를 기도하는 나영이 사진이었다. 그리고 그 사진 밑에는 벌거벗은 젊은 여자가 침대에 누워있는 사진이 있었다. '열여섯 살 여자아이가 당신을 침대로 초대합니다'라는 글과 함께.

> 나는 숨을 쉴 수가 없었다. 배에서 찌르는 듯한 통증이 느껴졌다. (중략) 감당할 수 없는 슬픔, 분노, 죄책감이 마구 뒤섞인 복잡한 감정이 거대한 파도처럼 나를 덮쳤다. 나는 계속해서 "미안해, 미안해, 미안해!"라고 말하고 있었다.
>
> – 박유현, 《DQ 디지털 지능》 중에서

박유현 박사가 느낀 감당할 수 없는 복잡한 감정. 어른으로서, 전문가로서 가졌던 염치다. 이후 그는 디지털 윤리를 나타낼 수 있는 수치, 적용할 수 있는 범위 등을 연구했다. 그의 염치는 잘못 되어 가는 현실의 폭주를 멈췄고, 방향을 바꿀 수 있는 길을 내었다.

염치는 능력주의의 대안이다

자본주의 사회에서 사람을 평가하는데 가장 중요한 기준은 '능력'이다. "일하지 않는 자 먹지도 말라"며 자신이 노력한 만큼 보상받는 정당한 사회. 그렇다면 이 말은 맞는 것인가. 모든 것이 씨줄과 날줄처럼 엮여있고 분업화된 이 현대 사회에서 오롯이 나만의 노력이라는 것이 존재할까. 내가 매일 먹는 밥 한 그릇에도 수많은 사람들의 정성과 손길이 담겨있다. 자기가 일한 만큼 대가를 받았으면 됐지, 내가 감사의 마음까지 가져야 하냐고 묻는 사람이 있다면 지금의 가격 책정이 농부의 수고와 유통의 어려움 등을 다 담아냈는지 알아보라고 답하고 싶다.

"내가 이 자리에 올라오기까지 얼마나 힘들었는지 알아? 그러니 너와 나는 같을 수 없어. 나는 내 노력에 대한 정당한 대우를 받을 거야"라는 말은 또 얼마나 미련한가. 지금의 나의 재능 그리고 위치는 순도 100퍼센트 내 힘으로 이룬 것이 아니다. 내 성장에는 부모의 노동과 헌신, 스승의 가르침, 친구들의 보살핌이 있었다. 그러므로 어른이 된 나는 우리 사회가 빚어낸 공동의 작품이다. 어느 누구도 혼자서 성장한 사람은 없다.

그러니 우리는 이런 말을 하고 이런 생각을 갖는 것에 대한 부끄러운 마음, 염치를 가져야 한다. 특히 많이 배우고 더 가진 사람은 그렇지 않은 사람들에게 더욱 미안한 마음과 함께, 더 좋은 세상을 만드는데 기여해야 한다. 내가 어느 대학을 나오고, 어떤 회사를 다니고, 연봉이 얼마인지가 나의 사회적 위치와 의무를 결정하는 것이 아니라, 나의 염치가 내가 이 사회 어디에 있어야 할지 위치를 알려주며 역할을 부여한다면 분명 그렇게 될 수 있다. 사회학자 조형근은 자신의 책 서문에 이렇게 썼다.

> 말하고 쓸수록 사실은 그런 내가 더 문제라는 생각이 드는 것이었다. 글을 쓸 때면 정의를 찾게 된다. 그렇게 글을 쓸 때만 정의롭다. 내 삶이 글처럼 정의롭지 않다. 그 격차를 부끄럽게 고백하되, 그 사이 긴장과 모순을 잊지 않으려 애쓰는 수밖에 없다. 그런 발언과 고민들이 이 책의 밑거름이 됐다.
>
> – 조형근, 《나는 글을 쓸 때만 정의롭다》 중에서

지식인의 염치다.

나의 염치를 돌아보라

어른이 가져야 하는 여러 태도에 대해 생각한다. 누군가 내게 "그래서 어른이 가져야 하는 태도가 뭔데?" 물으며 단 한 가지만 꼽으라고 하면, 나는 '염치'라고 대답할 것 같다.

나의 염치에 대해 돌아본다. 하루에도 일터에서 몇 명씩 죽

어가는 산업 재해가 만연한 나라, 스스로 목숨을 끊는 사람이 하루 평균 38명이 넘는 자살률 1위 나라, 황당한 사고로 가족을 떠나보내는 일이 너무나 잦은 나라, 정상 가족이라는 분류 안에 들어가지 않으면 대놓고 혐오하고 배척하는 나라. 이런 나라에서 나는 정규직으로 일을 하고, 내 집에서 내 가족과 안전하게 살고 있다. 염치없는 일이다. 그러기에 부족하지만 내가 만드는 방송과 글과 대화 속에서 나보다 힘없고, 어려운 사람들을 담으려고 노력한다. 언젠가 어떤 이는 이런 주제들은 청취자들의 삶과 동떨어져 있다며, 내게 땅에 발을 붙이고 방송을 하라고 조언을 가장한 비난을 했다. 가난, 차별, 폭력, 혐오가 땅의 주제가 아니면 무엇이던가. 나는 부끄러움 없는 그 사람의 말이 저 먼 하늘처럼 멀리 느껴졌다.

방송계의 부조리한 현실을 알리기 위해 스스로 목숨을 끊은 이한빛 피디의 엄마, 김혜영 선생님과 인터뷰를 나눈 적이 있다. 나는 방송을 진행하면서 울지 않기 위해 굉장히 노력하는데, 이날 인터뷰는 결국 눈물을 쏟았다. 한빛 피디의 투쟁과 아들을 향한 엄마의 절규와 그리움까지도 눈물을 잘 참았는데, 내가 눈물을 쏟은 이유는 염치가 없어서였다.

인터뷰를 진행하다가 주조정실 밖을 쳐다봤다. 기술 감독도, 작가도, AD도… 나 빼고는 다 비정규직 노동자들이었다. 순간 벌거벗은 것처럼 부끄러워졌다. 과연 나와 그들을 같은 노동자라고 말할 수 있을까, 내가 그들을 위해 이한빛 피디처럼 싸워줄 수 있을까 하는 질문에 나는 자신 있게 답을 할 수 없었다. "저도 한빛 피디의 선배로서, 방송에 종사하고 있는 노동자로서, 두 아이의 엄마로서 계속해서 한빛 씨가 생전에 만들고 싶었던 사회에 대해 집중하고, 고민하고, 연대하고 함께 하겠습니다"라는 말로 어렵게 인터뷰를 맺었다.

《어떤 양형 이유》의 저자 박주영 판사는 "나를 똑바로 살게 하는 것은 염치"라고 했다. 염치는 자신의 삶을 가늠해 볼 수 있는 척도인데 공감, 배려, 예의도 결국 염치가 있어야 할 수 있는 가치이며, 염치를 느끼고 산다면 정의롭고 선하게 살 수 있다고 했다.

염치, 부끄러움을 아는 마음. 우리는 지금 부끄러움이 없는 부끄러운 시대를 어른이라는 이름으로 살아가고 있다. 잎새에 이는 바람에도 괴로워하는 시인의 마음의 절반이라도 따라가고 싶다. 그렇게 어른다운 어른으로 말이다.

아무도 없었다

사과를 대하는 태도

"고등학교 2학년, 수학여행을 떠났다. 요즘 스트레스로 예민했던 내가 설레하는 모습을 보며 부모님도 기뻐하셨다. 아침에 용돈도 두둑하게 받아 친구들과 즐겁게 배에 올랐다. 그러나 얼마 안 돼 배가 가라앉았고 많은 친구들이 죽었다. 그리고 8년 후, 살아남은 친구들과 이태원에 축제를 즐기러 나갔다. 그리고 또 그곳에서 친구들이 죽었다."

나는 이 이야기의 주인공은 아니지만, 이 땅의 많은 청년들은 이 비극적인 사건의 주인공이 되었다. 2022년 10월 29일, 침대에서 눈을 뜨자마자 152명의 사망자 뉴스를 읽고 소리를 지르며 벌떡 일어났다. 건물이 무너진 것도, 불이 난 것도, 땅이 꺼진 것도 아닌데 길거리에서 이렇게 많은 사람이 죽었다니 믿을 수 없었다. '이 참사를 또 어떻게 뉴스로 담아야 하나, 이 사건을 또 어떻게 만나야 하나'라는 생각이 나를 짓눌렀다.

슬픔, 애도, 우울로 시작한 마음이 뉴스를 다룰수록 분노로 변했다. 세월호 참사로 상상도 못 할 마음의 상처를 가지고 사는 아이들을 8년 만에 또 죽음으로 몰았다. 누가 몰았냐고? 지금 이 글을 쓰고 있는 나, 그리고 읽고 있는 당신, 이 땅에 어른이랍시고 사는 어른들이다. 나의 단호한 표현과 지목에 당황했다면 미안하지만, 어른의 잘못이라고 생각하는 것이 더 이상 이같은 참사를 막는 시작이다. 그럼에도 참사 이후 "미안하다", "나의 잘못이다", "책임을 통감한다"라고 말하는 어른이 단 한 명도 없었다.

"방송 중 일어난 사고는 모두 피디 잘못이다"

피디로서 내가 자주 하는 말 중 하나는 "방송 중 일어난 모든 사고는 전부 다 피디의 잘못이다"이다. 물론 엔지니어, 작가, AD, 앵커 등 여러 사람이 함께 만드는 방송이 피디 한 명의 잘못일 수도, 책임일 수 없다. 하지만 나는 늘 그렇게 말한다. 그렇게 생각하고 일을 하고 싶기 때문이다. 피디는 방송을 만드는 사람이자 책임자다. 그러기에 제작진에게 명령, 지시, 부탁을 할 수 있는 권한이 있는 것이다. 자리에는 책임과 의무가 따르며, 책임과 의무는 일이 잘못됐을 때 더 필요한 가치다. 그리고 책임과 의무에는 적절한 말과 행동이 필수다.

국민의 안전을 책임져야 하는 위치의 가장 높은 곳에 있는 행정안전부 장관은 "막을 수 없었던 사고"라 말했고, "폼 나게 사표 낼 수 있지만 국민을 위해 자리에 있는 것"이라는 전무후무한 논리를 만들어냈다. 용산구청장은 "마음의 책임"이라는 해괴한 표현을 심정이랍시고 말했다. 야당 역시 마찬가지였다. 국가와 어른의 책임이라고 소리를 높였지만, 책임자를 지명하는 손가락의 방향은 절대 자신의 편으로는 향하지 않았다. 정부고 정치권이고 아주 창의적인 유체 이탈 화법을 구사했다.

책임자가 아닌 어른들 역시 마찬가지였다. "서양 귀신 쫓는 행사에 왜 따라가서 죽어", "놀다 죽은 건데 왜 국가가 책임을 져야 해"라는 말들을 너무 쉽게 내뱉었다. 이 참사는 지자체 축제에서도 일어날 수 있고, 성탄절의 명동 한복판에서도 벌어질 수 있다. 노는데 환장한 젊은이들에게만 일어나는 일이 아니라 자녀와 손을 잡고 나온 부모에게도, 오랜만에 바람 쐬러 나온 어르신들에게도 일어날 수 있는 일이다.

그날 이태원에서 죽음을 맞이한 젊은이들은 행복하고 즐거워야 할 고등학교 수학여행도 세월호로 뺏기고, 대학 생활도 코로나19로 뺏긴 세대다. 그런데 이제는 길거리 축제와 핫플레이스인 이태원도 뺏겼다. 10·29참사 직후, 세월호 세대인

한 청년은 내게 냉소적으로 말했다.

> "우리는 뭘 해도 안 되는 세대예요. 하늘이 우리가 즐거운 꼴을 못 보는 것 같아요."

왜 이런 자조 섞인 푸념이 나오지 않겠는가. 사람들은 한국전쟁 세대, IMF 세대 등 세대가 겪은 아픔을 이름으로 부르곤 한다. 그리고 세월호 세대는 못난 어른들 때문에 이태원 세대라는 슬픈 이름을 또 얻게 됐다.

미안하다고
말하는 어른이 되자

엄마가 되고 〈이런 엄마가 되자〉 리스트를 썼다. 1번은 '사과할 줄 아는 부모가 되자'였다. 아이였을 때 나는 어른도 실수하고 잘못을 하는 존재인지 몰랐다. 그만큼 큰 존재이기도 했지만, 자신의 잘못을 인정하거나 사과하는 어른을 보지 못했기 때문이다. "미안해. 내가 틀렸네. 내가 잘못했어"라고 말하는 어른이 없었기에, 잘못하거나 실수하는 어른이 없다고 여긴 것이다.

어른이 되자마자 가장 먼저 깨달은 건 '뭐야, 몸만 어른이지 어른이 됐는데도 똑같이 실수하고 잘못하잖아?'였다. 그런데 여전히 내 주변 어른들은 자신의 잘못을 인정하지도, 사과하지도 않았다. 특히 회사에서 만난 어른들은 더욱 그러했다. 그들이 나의 선배가 된 것은 순전히 나보다 일찍 태어나서인데, 나이라는 완장만 차고 무결한 존재인 척했다. 그래서 나는 회사에서 무슨 일이든 척척 해내는 선배보다 자신이 잘못했을 때나 부족할 때 "미안해. 내가 이것 밖에 안 된다"라고 자신의 한계를 인정하고 사과하는 선배가 훨씬 대단하다고 생각했다.

사람들은 드라마 〈이상한 변호사 우영우〉를 보며 자폐 변호사의 활약을 판타지라고 이야기했지만, 나는 우영우의 든든한 편이 돼준 정명석 변호사가 더 판타지 같았다. 정명석 변호사는 처음에는 다른 사람들처럼 편견으로 우영우를 판단하지만, 몇 번의 경험을 한 후 자신의 편견과 잘못된 판단에 대해 우영우에게 진심으로 사과한다.

나는 우리 아이들에게 종종 사과한다. "어른도 틀릴 수 있어. 엄마도 잘못할 수 있어. 미안해." 나는 우리 아이들에게나 후배들에게나 실수 하나 하지 않는 존재가 아니라, 실수도 하고 잘못도 하는 불완전한 사람이지만 사과할 줄 아는 어른으로 기억되고 싶다. 사과가 진짜 나의 품격을 높이는 비법인 걸 알기 때문이다.

어른들이여, 우리 지금이라도 사과하자. 1등을 향한 집념, 성공을 향한 욕망의 기차였던 어른들이 만든 불안전한 이 나라를…. 그래서 수학여행도, 축제도 빼앗기고 매일 자신의 안전을 걱정하며 전전긍긍해야 할 청년들에게 제발 사과하자. 세월호로 봄도 빼앗기고, 10 · 29참사로 가을도 빼앗긴 젊은이들에게 사과라도 하자. 어른이라면 말이다.

Part 3.

나만을 위한 것에서 우리를 위한 것으로

곁을 볼 때마다

좋은 어른이 된다.

어른다움의 순간

어른다움을 대하는 태도

엄마는 학원비를 보낼 때마다 그냥 돈만 보낸 적이 없었다. 꼭 봉투에 돈을 넣고 '감사합니다'라고 적어서 나에게 전달했다. 명절 때마다 경비 아저씨들에게 꼭 선물을 했다. 사회생활을 시작한 나에게 "경비노동자나 청소노동자분들이 너를 평가하는 것이 가장 정확하다"며 그분들에게 잘해야 한다고 강조했다.

어릴 때 밥을 남기면 아빠는 쌀 한 톨이 농사꾼들의 땀방울이라며, 어느 것 하나 혼자 힘으로 이뤄지는 것은 없다고 하셨다. 식탁에 올라오는 밥과 반찬은 수많은 사람들의 수고의 합임을 가르쳐주셨다. 여덟 살 때쯤 하늘 가깝게 쓰레기가 쌓여있는 난지도에 데려가 환경의 중요성을 직접 보여줬고, 어렵게 사는 달동네에 데리고 가 어려운 사람들의 삶을 직접 보여주기도 했다. 내가 기억하는 나의 부모의 '어른다움의 순간'이다. 이 시간들은 어떤 교육과정이나 학습기관에서 배울 수 없는 것들로, 내 인격의 한 부분을 만들었다. '어른다움'이란 어른이 어른으로서 가져야 하는 예의와 겸손, 건강한 관점을 말하며, '어른다움의 순간'은 이러한 어른의 모습이 발현되는 때를 말한다.

부모님이 내게 알려준 어른다움의 순간 덕에, 걷다 보면 쓰레기를 치우는 환경미화 노동자나 폐지를 줍는 어르신들이 자주 내 눈에 들어왔다. 그때마다 그분들의 삶의 무게가 너무 무겁지 않기를 기도했다. 조금 더 용기가 나는 추운 겨울날은 맨손에 폐지 수레를 끌고 가시는 할머니께 장갑을 벗어드리기도 했다. 지하철에서 물건을 파는 아저씨나 좌판을 깔고 무언가를 파는 아주머니들이 마음에 자주 남았다. 가끔 지하철에 노숙인이 타서 옆자리에 앉으면 냄새 때문에 다른 사람들은 자리를 비켜도, 나는 혹시나 그분이 상처받을까 자리를 지켰다.

청소 여사님만을 위한
〈남진쇼〉

쓰레기 가득했던 난지도가 상암동이 됐고, 난지도를 보던 여덟 살 소녀는 상암동 YTN 방송국 건물에서 일하는 라디오 피디가 됐다. 어느 날 우리 층 담당 청소 여사님이 핸드폰으로 음악을 틀고 노래를 흥얼거리며 청소를 하는 모습이 눈에 들어왔다. 그 모습이 얼마나 경쾌한지 청소하시는 모습이 꼭 춤을 추는 듯했다. 퇴근길 엘리베이터 안에서 청소 여사님들이 고된 하루를 보낸 이야기를 하며 꺄르르 웃는 모습이 영락없는 소녀 같았다. 그녀들에게 삶의 피로보다는 삶의 향기가 느껴졌다.

여사님들께 선물을 해드리고 싶었다. 평균 65세 노동자들을 그들이 일하는 노동의 현장에서 주인공으로 만들어주고 싶었다. 며칠 동안 건물에서 만나는 여사님들마다 "누구를 제일 만나보고 싶으세요?"라고 물었더니 역시 나훈아와 남진을 꼽았다. 나는 청소 여사님들만을 위한 〈2019 설 특집 남진쇼〉를 기획하기 시작했다.

사실 이전에 남진 씨를 프로그램 초대 손님으로 섭외하기 위해 6개월 동안 공을 들였으나 성공하지 못한 적이 있었다. 하지만 청소 여사님들을 위한 특집 〈남진쇼〉라고 하니 그는 흔쾌히 출연을 허락했다. 지하 1층 여사님들의 쉼터에 방문해 이 소식을 전하니 정말 난리가 났다. "피디 님, 저희 뭐 입고 가죠?"라고 묻더니 곧 "그냥 작업복 입고 갈게요. 이게 저희 모습 그대로인데요"라고 의견을 모으셨다.

남진 오빠를 직접 본 여사님들의 반응은 아이돌 스타를 만난 10대 팬 못지않았다. 여사님들은 남진과 얽힌 자신들만의 이야기를 털어놓았다. 한 분은 아빠 몰래 솥뚜껑과 냄비를 팔아서 480원을 마련해 남진 콘서트 티켓을 샀다고 한다. 즐겁게 콘서트를 보고 남진 씨와 악수를 하려는 역사적인 순간, 아버지가 나타나 머리채를 잡았단다. 그 고백을 들은 남진 씨는 아버지에게 맞지는 않았는지 걱정하면서도 행복해했다.

남진 씨는 오직 그 자리에 앉은 스무 명 남짓한 나이 많은 여성 노동자들을 위해 노래를 불렀다. 남진 씨는 한창 전성기였던 때로, 여사님들은 소녀 시절로 타임머신을 타고 돌아가 있었다. 땀과 수고의 흔적이 묻은 청소 여사님들의 작업복이 꼭 교복처럼 보였다.

진짜 어른됨의 순간을
보여주는 어른은

몇 년이 흘렀지만 그때 일을 떠올리면 아직도 입가에 미소가 지어지고 어깨가 절로 올라간다. 〈남진쇼〉는 내가 어른으로서 한 일 중에서도 대표적인 자랑스러운 일이다. 어떤 내용으로 방송을 준비했었는지는 시간이 지나면 점점 잊혀지겠지만, 여사님들보다 내가 더 기뻤다는 사실은 시간이 갈수록 더욱 분명해진다. 그리고 이 일이 나의 어른다움의 순간을 만들어줬음도 분명하다.

뉴스에는 연일 지도층들의 범죄 소식이 지치지도 않고 계속 보도된다. 좋은 학교를 나오고 번듯한 직업을 가진 자들은 직업 윤리도 양심도 없이 남들을 괴롭히고 공동체를 좀먹는다. 어른이랍시고 어른의 책임은커녕 자신이 가진 것들에 비해 최소한의 의무조차 감당하지 못한다. 그래서 나는 〈YTN뉴스〉에 나오는 막말하고 범죄를 저지르는 엘리트들보다, 콧노래를 부르며 YTN 건물을 청소하는 청소노동자들이 진짜 어른이라 생각한다. 그리고 그들이 청소하는 그 시간이 진짜 어른다움을 보여주는 순간이라고 생각한다.

어른이 없는 시대, '어른다움'이 중요한 화두다. 이 책을 쓰게 된 계기도 어른다움이 무엇인지에 대한 고민이었다. 나 같은 고민이 있다면 뉴스를 끄고 주변을 둘러보길 바란다. 〈남진쇼〉 제작을 하는 내내 김명수 시인의 시 〈우리나라 꽃들에겐〉이 떠올랐다. 꽁꽁 얼었던 땅을 뚫고 들꽃들이 피어나면 봄이 오듯이, 곳곳에서 묵묵하게 어른다움의 순간을 만들어가는 어른들이 많아지길 바란다. 만약 이 책이 어른다움의 순간들을 많이 만드는 데 일조한다면, 글을 쓰는 지금이 나의 어른다움의 순간일 것이다.

우리나라 꽃들에겐
설운 이름 너무 많다
이를테면 코딱지꽃 앉은뱅이꽃 좁쌀밥꽃
건드리면 끊어질듯
바람불면 쓰러질듯
아, 그러나 그것들 일제히 피어나면
우리는 그날을
새봄이라 믿는다.

우리나라 나무들엔
아픈 이름 너무 많다
이를테면 쥐똥나무 똘배나무 지렁쿠나무
모진 산비탈
바위 틈에 뿌리내려
아, 그러나 그것들 새싹 돋아 잎 피우면
얼어붙은 강물 풀려
서러운 봄이 온다

– 김명수, 〈우리나라 꽃들에겐〉

희망 말고 공감

20대 어른을 대하는 태도

코로나19 이후 기관과 대학에서 청년들을 상대로 강의할 일들이 많아졌다. 팬데믹으로 절망하고 무기력해진 청년들에게 희망을 말해 달라는 주최 측의 부탁이 있었지만, 있던 희망도 없어지는 때에 내가 무슨 재주로 희망을 말할 수 있겠는가. 며칠을 고민하다 말했다.

"저는 도저히 20대에게 희망을 가지란 말은 못 하겠어요."

그리고 강의 제목을 정했다. '희망 말고 공감'. 사실 이 제목으로 강의할 자격은 나에겐 없다. 나 역시 그동안 20대 어른들을 향한 온전한 공감보다는 어설픈 희망과 이해를 흉내 냈기 때문이다. "나도 MZ세대야"라며 쿨하게 20대 어른들을 이해하는 척했지만, 20년 차이가 나는 세대를 완전히 이해하고 공감한다는 것은 어려운 일이다. 그래서 나도 어지간히 그들의 태도와 사고방식을 내 잣대로 판단하고 비난했다.

그러던 중 2020년 일명 '인국공 사태'가 일어났다. 인천공항공사의 정규직 전환 추진에 취업준비생들이 입사 기회를 박탈당했다며 거세게 반발한 것이다. 많은 20대 청년들이 분노했지만 대다수는 이 결정으로 직접적인 손해를 전혀 보지 않는 사람들이었다. 그럼에도 그들은 자신이 엄청난 피해를 입은 것처럼 분노했고, 이런 상황을 보며 나는 당황스러웠다. 이들의 외침이 이기적으로 보였고 철없어 보였다. 그래서 나는 방송에서 이 사태의 팩트 체크를 하고 '돌려 까기'로 청년들의 행동을 비판했다. '너희 그렇게 이기적으로 살면 안 돼'라는 어른의 훈계를 했다는데 만족했다.

그리고 얼마 지나지 않아 노희경 작가의 드라마 〈라이브〉를 시청했다. 1회에는 직장을 구하기 위한 20대 어른들의 짠내 나는 모습이 나왔다. 나의 20대는 지금의 20대처럼 처절하게, 그리고 오랜 시간 취준생으로 살지 않았기에 이런 모습들이 낯설었다. 그때 비로소 나는 왜 자신과 상관없는 인국공 사태에 많은 취준생들이 화를 냈는지 알 수 있었다.

봄이 왔다오
난 책상 앞에 앉았소
이 작은 몸 붙일 공간은 여기뿐이라오
여름이 왔소

내겐 하등 상관이 없소
물장구치는 청춘은 화면 속에만 있소
단풍이 지면
뭔가 변할 줄 알았소
무채색 백수의 삶도 예뻐질 줄 알았소
난 포기한 적이 없소 발버둥 치고 있소
이보오 나도 살고 싶소 일자리를 주시오
누가 포기했단 말이오 나도 잘 살고 싶소
응원까진 바라지 않소 손가락질만 마소

겨울이 왔소
이젠 춥단 느낌도 없소
이 식어버린 몸뚱인 겨울보다 차다오
다시 봄이오
난 또 그 자리에 앉았소
이 자릴 지키는 것만이 내 업인 것 같소
난 포기한 적이 없소 발버둥치고 있소
이보소 나도 살고 싶소 일자리를 주시오
누가 포기했단 말이오 나도 잘 살고 싶소
노오력 운운 하려거든 기회 주고 말하소
봄이 왔다오

난 하고 싶은 게 많소

사랑도 결혼도 취업도

– 철수와 존슨, 〈취업학개론〉(드라마 〈라이브〉 삽입곡)

나와 너의 노래가 다르듯

20대의 내 가슴을 뛰게 한 노래는 강산에의 〈넌 할 수 있어〉였다. IMF를 살아내는 아빠가 그렇게도 부르셨던 이 노래가 20대 때 나의 노래로 재생됐다. 하지만 이 노래는 지금 20대들이 제일 싫어하는 노래다. 나는 20대 때 이 노래를 들으며 주먹을 불끈 쥐었고, 가슴이 터질 것 같았다. 하지만 가슴이 터져 환장할 일이 널린 지금의 20대들에게는 터진 가슴을 가라앉혀줄 노래가 필요하다. 〈취업학개론〉처럼 내 이야기를 과장 없이, 의미 부여하지 않고 서술해줄 노래 말이다. "너만 그런 거 아냐. 나도 그래. 그러니까 우리 잘못이 아냐"라고 말해줄 노래가 필요하다.

내 가슴을 뛰게 한 노래가 그들의 가슴을 뛰게 할 수 없다는 것을 인정하는 것이 20대 어른을 향한 나의 공감의 시작이었다. 그들은 내가 살았던 20대를 살지 않고 있다. 나는 20대 때 꿈을 꿨는데, 이들은 일자리를 찾는다.

방송에서 20대 청년의 상황과 현실에 대해 공감하자고 얘기하면 빠지지 않고 오는 내용의 문자가 있다.

"요즘 애들은 너무 나약해요. 철도 씹어먹을 수 있는 나이에 말이죠."

아니다. 철 씹어먹으면 나이 들어서 임플란트 해야 한다. 아마 20대 때 철 씹어 드신 그분, 지금쯤 후회하고 계실 거다.

"밥도 못 먹는 사람도 있는데 여행 못 간다고 투덜대는 20대 애들 보면 기도 안 차요."

아니다. 요즘 20대 어른에게 여행은 밥과 같다. 여윳돈으로 외식하는 것처럼, 이들은 조금 남는 돈으로 여행을 간다.

극기는 자신이 즐거워서 하면 마약이지만, 남의 강요에 의해 하면 혹사일 뿐이다. 요즘 젊은이들은 약해빠졌다고들 한다. 약해빠진 것이 아니라 강요된 극기에 따르지 않을 뿐이다.

우리 세대가 가졌던 결핍은 절대적 결핍이 대부분이었지만, 풍요의 사회에서 자란 우리 아이들은 상대적 결핍이 더 클 수밖에 없다. 그리고 그 상대적 결핍을 심화시키는 옳지 않은 일에는 우리보다 분개하는 정도가 더 크다. 과거의 영화를 들먹이며 "우리 때는……"이라는 식의 설득이 콧방귀

거리도 안 되는 이유가 여기에 있다고 본다. 내 세대가 살던 시대와 앞으로의 시대는 다른 정도가 아니다. 미래는 완전히 새로 만들어진 세상에 가깝다고 보아야 한다.

– 박용만, 《그늘까지도 인생이니까》 중에서

보여주지 않아도 돼,
너를 채우면 돼

베스트셀러 《책은 도끼다》, 《여덟 단어》의 저자 TBWA 코리아 대표 박웅현은 광고인을 꿈꾸는 20대에게 쓴 답장을 내게 보여준 적이 있다.

"당신은 더 큰 그릇이 되기 위해 뭔가를 보여주기보다 채워 넣는 위치에 있는 분이겠지요. 잘 준비하시기 바랍니다. 몸 속에 좋은 것들이 쌓이고 쌓이면 그 힘으로 세상을 바꿀 수 있는 기회는 자연스럽게 찾아오니까요. 충실한 하루하루를 보내는 것만큼 확실한 미래 준비는 없다고 믿습니다."

모든 것이 불확실한 세상을 사는 지금의 20대 어른에게 할 수 있는 말은 이것뿐이다.

정세랑 작가의 소설 《피프티 피플》에는 도서관 사서가 꿈이었지만 꿈을 이루지 못하고 다른 직장에서 일하는 한 여성이 나온다. 그녀는 그곳에서 사람들에게 필요한 책을 구입하고 골라주는 일을 한다. 직장에 있는 어느 누구도 모르지만 그녀는 사서로 사는 것이다. 20대 어른들에게 말해주고 싶다. 취업의 결과는 합격 혹은 불합격 단 두 가지만 있지만, 취업의 과정은 여러 답이 있음을 말이다.

나는 라디오 피디 지망생들을 위한 강의를 몇 년째 하고 있다. 처음에는 피디가 될 수 있는 노하우를 알려줬지만 지금은 아니다. "너희는 라디오 피디가 될 수 없다"는 말을 하기 위해 이 강의를 나간다. 몇 년 전만 하더라도 열심히 하면 라디오 피디가 될 수 있다고 이야기했지만, 지금은 그렇게 이야기하지 않는다. 거짓말이니까. 1년에 한 번, 그것도 1~2명 뽑던 라디오 피디직은 이제 그나마도 뽑지 않는다. 뽑지 않는데 어떻게 이들에게 뽑힐 것이라는 말을 할 수 있겠는가. 이제 나는 이렇게 말한다.

"여기 모인 라디오 피디 지망생 모두 라디오 피디가 될 수 없어요. 모두 1등을 할 수 없는 것처럼 말이에요. 하지만 라디오 피디가 되기 위해 여러분들이 준비했던 일들, 책을 보고, 글을 쓰고, 뉴스를 찾아보고, 타인의 어려움에 집중하고 공감하고, 약자를 향한 감수성을 키우기 위한 노력들은 당신을 좋은 사람으로 만들어 줄 거예요. 다른 자리에서 또 다른 꿈을 꾸면 돼요. 꼭 꿈 안 이뤄도 돼요. 꼭 라디오 피디 안 해도 돼요. 괜찮아요."

지금 20대들의 꿈을 찾는 여정과 일자리를 구하는 과정은 기성세대와 전혀 다르다. 그러므로 "당신들은 라디오 피디가 될 수 없다"라는 내 말은 자라나는 새싹을 짓밟는 말이 아닌 것이다. "할 수 있어", "하면 된다", "해보자"라는 만세 삼창만 했던 나의 20대가 아닌, 지금의 20대들에게 "할 수 없을지도 몰라", "한다고 다 되는 건 아니야", "포기도 하나의 답"이라는 말이 공감과 위로의 말이 된다.

나와 당신의 20대보다 수천 배는 더 어둡고 막막한 길을 걸어가고 있는 20대들에게 이제 부드러운 목소리로 강한 확신을 주자. '괜찮다. 꼭 그 일 안 이뤄도 된다. 지금 이 시간이 너를 좋은 자리로 데려가 줄 것이다'라고. 그거면 충분하다.

소개팅에서 두 번 까인 썰

거절을 대하는 태도

소개팅이 취미였던 20대 어느 시점, 호감 가는 남성을 만났다. 그 역시 나에게 굉장한 호감을 보이며 세 번 연거푸 데이트를 했다. 그런데 세 번째 만남 이후 그는 갑작스럽게 연락을 끊었다. 내가 이 방면에서 그리 둔한 편도 아닌데, 마지막 만남에서 거절과 관련된 어떤 느낌도 받지 못했기 때문에 나는 그의 연락 두절이 갑작스럽고 어이가 없었다.

이후 다른 남성과 소개팅을 했고 역시 세 번을 만났다. 소개팅 후 세 번의 만남 후에 고(go)냐 스톱(stop)이냐를 정해야 하는 법이라도 있는지 몰라도 그는 내게 긴 문자를 보냈다. 혜민 씨가 너무 맘에 들고, 이렇게 괜찮은 여자를 본 적이 없고, 그래서 이렇게 적극적으로 데이트를 신청한 적 없었고 등등. 그러나 마지막 문장은 이러했다. "그러니까 혜민 씨는 혜민 씨를 더 빛나게 하는 사람을 만나는 게 좋을 것 같아요." 결론은 나는 또 까인 것이다.

이 두 번의 까임은 내게 유아기적 거절과 어른다운 거절이 있음을 알려줬다. 전자의 거절은 아주 유치한 거절이다. 만남을 더 이상 이어가고 싶지 않을 때라도 상대에게 예의를 갖춰야 한다. 떨어진 입사지원자에게 "너는 이래서 아니다"라고 구구절절 이유를 밝힐 필요는 없지만, "귀하와 같이 훌륭한 인재와 함께 할 수 없어 아쉽습니다" 정도의 최소한의 통보는 해야 한다. 전자의 거절처럼 이런 식의 일방적이고도 갑작스러운 거절은 어른스럽지 못한 태도다.

반면 후자의 거절은 어른다운 거절이었다. "응, 넌 아니야"는 마찬가지였지만 거절당하는 상대방을 존중해 거절의 이유에 대해 아주 간단하지만 명확하게 밝혀준 것이다. 나는 그의 거절 문자에서 나에 대한 존중을 볼 수 있었다.

살면서 소개팅에서만 거절당하겠는가. 어른이 되면 수없이 거절당하고 거절하는 일들이 생긴다. 나이가 많아질수록, 지위가 높아질수록, 가진 것이 늘어날수록 거절해야만 하는 일이 더 많아진다. 뉴스를 장식하는 사람들의 대다수는 거절을 해야 하는 일을 거절하지 않았기 때문이다. 받지 말아야 하는 청탁과 뇌물을 받고, 맺지 말아야 하는 사람과의 관계로 인생이 망가진다. 그래서 거절을 대하는 태도는 어른이 꼭 배워야 하는 항목 중 하나다.

예의 바른 태도,
명료한 문장, 정확한 이유

무엇보다 거절은 아주 잘해야 한다. 그렇지 않으면 거절은 나에게도, 상대에게도 상처로 남을 수 있다. 아이처럼 "싫어, 안 해!"라고 발을 구르고 고개를 저어서는 안 된다. 예의 바른 태도는 기본, 명료한 문장으로 정확한 이유를 들어 거절해야 한다. 물론 방법은 다양하다. 때로는 단호하게, 때로는 유머러스하게 말이다. 예를 들면, 나에게 부적절한 제안을 하려고 나온 사람이 사는 비싼 음식과 술값을 내가 계산하면서 거절 의사를 밝힐 수 있다. 여지를 주지 않으면서도 마음을 상하지 않게 하는 예의 바른 거절이다.

피디라는 직업은 거절당하는 게 일이라고 해도 과언이 아니다. 하루에도 수많은 연사에게 전화를 하고 수없이 거절당한다. 그래서 나는 인터뷰 수락 여부가 아닌, 나의 제안을 거절하는 사람의 태도와 말투로 그 사람을 판단한다.

나는 박용만 전 대한상공회의소 회장에게 2년이 넘게 페이스북 메신저로 인터뷰를 요청했다. 박 회장에게 이런 부탁을 하는 개인 메시지가 한두 개이겠는가. 그러니 박 회장은 굳이 응답하지 않아도 된다. 하지만 그는 즐겁게 응답, 아니 정확히 말하자면 매번 거절해줬다. 그런데 그 거절이 세련되고 친절해서 분명한 거절의 메시지임에도 나는 기분이 좋았다. 그리고 요청 2년 만에 드디어 그가 인터뷰 요청에 응했다. 박 회장은 인터뷰 하루 전 나에게 장문의 메시지를 보냈다.

"제가 내일 그 생방송에 나가는 이유는 딱 하나예요. YTN도 대한상의 때문도 아니고, 두산 때문에도 아니에요. 상의 회장 하는 동안 수많은 인터뷰 요청을 받았고, 아주 꼭 해야 하는 것 아니면 대부분 거절해왔어요. 그동안 장난처럼 늘 거절해왔지만 속으로는 그 때문에 참 미안했어요. 어린 친구에게 어른으로서 참 할 일이 아니다 싶고 미안했어요."

이런 진심이 담긴 거절이었기에 2년 넘게 거절을 당해도 내 마음이 상하지 않은 것이었다.

안녕하세요? 좋은 아침입니다.

김혜자예요.

저는 이제 촬영 끝나고 집에 가는 중입니다.

정신은 맑지만 몸이 무겁네요.

드라마 보시고 좋다고 하시니 감사합니다.

작가의 산뜻한 의도를 잘 표현해 보려고 이리저리 상상해 보며 연기하고 있어요.

제가 이렇게 길게 말씀드리는 이유는… 마음이 몹시 분주하고 여유가 없다는 얘기를 하느라고요. 말실수를 잘해서

본래 인터뷰를 겁내는데… 이해해 주세욤♡

잘 지내시지요? 제가요… 좀 아픈 중이에요.
그러니까… 앓고 있어요. 이렇게밖에 답을 못 드려 미안합니다. 저는 좀 못됐나 봐요.
그냥 어느 날 써주신 기사를 보고 날 이렇게 써주시다니, 아 행복해, 아 재미있어… 이러고 싶은가 봐요. 웃기지만, 이해는 할 수 있겠다 해주시면 감사하겠어요.
건강히 잘 지내세요♡

《마음아, 넌 누구니》의 저자 박상미 교수도 여러 차례 배우 김혜자 씨에게 인터뷰를 요청했지만 거절당했다. 하지만 이런 거절은 거절을 당하고도 진정으로 '존중받았다'는 생각을 들게 한다. 박 교수는 이 거절로 그동안 거절로 인해 생겨났던 상처들이 치유되는 느낌까지 받았다고 한다.

어른들이여, 거절해야 할 일에 거절하라. 명확하고 단호하게 그러나 예의 바르고 우아하게. 그러면 그 거절이 누군가에게는 또 다른 배움이 될 것이다. 혹시 거절을 당해 수치심이 생긴다면 그럴 필요 없다. 분명 그것은 수준 낮은 거절이었을 테니까.

복수를 선택하지 않는 기품

복수를 대하는 태도

제94회 아카데미 시상식에서 윌 스미스는 아내의 탈모를 농담거리로 삼은 크리스 록의 뺨을 치는 초유의 폭행 사건을 일으켰다. 비판이 일자 다음 날 윌 스미스는 자신의 SNS에 "폭력은 어떤 형태든 독이고 파괴적"이라며 "내가 선을 넘었고 내가 틀렸다. 스스로가 부끄럽다"고 사과했다. 하지만 그는 이번 사건으로 앞으로 10년간 아카데미 시상식에 참석할 수 없으며, 아카데미 회원직도 박탈당했다.

윌 스미스의 아내 제이다 핀켓 스미스는 아카데미 시상식 일주일 전 자신의 SNS에 글을 남겼다. "항상 내 머리를 가꾸고 꾸미는 일이 힘들었지만, 남들이 그걸 좋아하는 것 같아서 유지했었다. 그런데 이제는 사람들이 어떻게 생각해도 상관없다. 나는 탈모증을 겪고 있어서 머리를 밀었다." 이 글을 남기고 그는 삭발을 했고, 아카데미 시상식에 참석했다. 있는 그대로 자신을 받아들이기로 한 아내의 용기 있는 결정을 윌 스미스는 분풀이로 망쳐버린 것이다. 제이다는 이후 인터뷰에서 윌 스미스에게 도와달라고 말한 적 없다며, 윌 스미스의 행동에 선을 그었다. 윌 스미스의 복수는 결과적으로 실패했다.

물론 폭력으로밖에 자기방어를 할 수 없는 사람들과 상황은 있다. 하지만 윌 스미스는 세계적인 스타로서 아카데미 시상식에서 멋있게 반격할 수 있는 위치임에도 폭력으로 복수했다. 만약 윌 스미스가 남우주연상 수상 소감에서 크리스 록을 멋지게 한 방 먹이는 멘트로 받아쳤다면 어땠을까. 한번 상상해 본다.

> 오늘 저에게 영광스러운 남우주연상을 안긴 영화의 실제 인물 리처드 윌리엄스는 '사람을 때리는 건 용납할 수 없다'고 했습니다. 꼭 때리는 것이 아니어도 언어 역시 폭력이 될 수 있습니다. 크리스 록의 발언은 나와 아내에게 큰 폭력입니다. 나의 아내, 제이다 핀켓 스미스는 탈모증을 겪고 있고 삭발을 했지만 자신의 모습을 사랑하고 자랑스러워 합니다. 나는 그런 아내를 사랑합니다. 남의 약점을 놀리는 사람에겐 자신의 약점을 강점으로 만드는 사람만큼 무서운 게 없으니까요. 내 아내는 〈지. 아이. 제인 2〉를 찍을 만큼 당당하고 멋진 여전사가 맞습니다.

(크리스 록은 제이다 핀켓 스미스의 삭발을 보고 영화 〈지. 아이. 제인〉의 삭발을 한 여성 주인공을 빗대며 "〈지. 아이. 제인 2〉를 찍으라"고 발언했다.)

페이스북에 이런 생각을 올리자 한 친구는 "제 아들에게 이런 상황이었다면 윌 스미스처럼 받아치라고 가르칠 겁니다. 가만히 있으면 안 되죠"라고 댓글을 달았다. 나는 "당연히 맞서고 받아쳐야죠. 그런데 저는 아들에게 무조건 뺨을 올려붙이라고는 말 안 할 거예요. 배우로서 모두의 축제인 무대에서 행한 그런 태도는 잘못됐다고 말해줄래요. 무대에서 뺨을 때리는 것만이 맞서는 건 아니니까요"라고 대꾸했다. 그랬더니 그는 나에게 이중적이고 가식적인 사람이라며 나와의 페이스북 친구 관계를 끊어버렸다.

맞고 오는 게 나은가,
때리고 오는 게 나은가

맞고 오는 게 나은가, 때리고 오는 게 나은가. 아이들 키울 때 한 번쯤 하는 고민이다. 자식이 넘어져 무릎이 까져도 내 다리가 부러진 것 같은 것이 부모인데, 쿨하게 '맞고 오는 게 낫다'고 말할 부모가 세상천지 어디 있을까. 그래도 세상을 배워 가는 아이에게 "때리고 오는 게 백번 낫지, 때리고 와. 엄마가 뒤는 책임질게"라고 쉽게 말할 수는 없었다. 처음부터 '폭력은 폭력으로 대처해'라고 가르치고 싶지 않았다. 그래서 나는 단호한 표정과 말투로 아이에게 말했다.

"누군가가 너를 이유 없이 괴롭히면 참아서는 안 돼. 맞서야 해. 하지만 원칙이 있단다. 첫째, 상대에게 분명하게 너의 불편함을 말해. 둘째, 그래도 괴롭힘이 계속된다면 선생님이나 부모님, 주변에 도움을 줄 어른에게 도움을 요청해. 셋째, 그런데도 또 너를 때리거나 괴롭힌다면 너를 보호할 수 있는 모든 방법을 동원해도 돼."

여기서 말한 모든 방법에는 물리적인 대응도 들어간다. 하지만 나는 복수의 수단이 아닌, 나를 지키는 정당방위로서의 물리적 대응을 가르치고 싶었다.

아이에게 이렇게 가르친 이유는 내가 평화주의자여서가 아니다. 폭력으로 개인적인 복수를 하는 것보다 공적인 대응을 먼저 생각하는 것이 앞으로 아이에게 훨씬 이롭다는 것을 알기 때문이다.

정직과 성실이 나를 보호할 것

살면서 생각만 해도 이가 갈리는 대상이 어찌 없겠나. 내가 당한 것보다 백 배는 더해서 갚아주고 싶은 사람들이 있다. 17년 정도 사회생활을 하면서 누군가 때문에 정말 억울했던 적이 세 번 정도 있었다. 그때마다 정당한 절차와 과정을 통해 나를 방어하는 일을 멈추지 않았지만, 복수는 하지 않았다. 복수를 선택하지 않은 이유는 복수라는 칼날은 휘두르는 사람에게도 반드시 닿는다는 것을 알았기 때문이다. 무엇보다 내가 복수를 하지 않아도 그런 인간들은 결국 누군가에게 복수를 당하거나, 스스로를 망친다는 진리를 경험했기 때문이다.

언젠가 억울해서 견딜 수 없었을 때, 남편이 내게 "너의 정직과 성실이 너를 보호할 거야"라고 말한 적이 있었다. 그 말 한마디가 폭풍처럼 출렁거리는 나의 마음을 잠잠하게 했다. 분통 터지는 일을 겪어 힘들어하는 사람들에게 이 문장을 약으로 처방하면 대부분 나처럼 복수하기를 멈춘다.

모든 감정은 나의 것이고 다 옳다. 하지만 그 감정을 표출하는 태도는 다 옳은 것은 아니다. 그러기에 우리는 선택해야 한다. 윌 스미스의 복수로 본인과 아내는 피해자가 아니라 폭력의 가해자가 됐다. 우리는 앞으로 10년 동안 아카데미 시상식에서 윌 스미스의 아내를 놀린 크리스 록은 보겠지만 윌 스미스는 볼 수 없게 됐다.

언젠가 배우 김여진 씨가 SNS에 자신에게 불이익을 준 사람들에게 "하지만 나에게 나쁜 짓을 한 당신들도 불합리한 일을 당하거나 어려운 일을 당하면 당신들을 위해 싸워주겠습니다"라고 밝힌 적이 있다. 이것이 바로, 복수를 선택하지 않은 사람의 기품이다. When they go low, we go high(그들은 저급하게 가도, 우리는 품위 있게 갑시다).

어른이 어른답지 못할 때

괴물 같은 어른을 대하는 태도

하루 종일 뉴스를 보는 직업을 가진 내가 가장 보기 힘든 건 바로 어린이들이 고통 받고 학대 받는 뉴스다. 코로나19 이후 아동 학대는 더 늘어나고 있으며, 인간으로서 도저히 상상도 할 수 없는 일들이 너무 자주 일어나고 있다. 나는 엄마가 되고 길가에 지나가는 꽃 하나도 쉽게 꺾지 못했다. 안도현 시인의 시를 읽고 나서는 뱃속의 알에게 "저녁이야 불 끄고 잘 시간이야"라고 말하는 엄마 꽃게의 절절한 마음이 느껴져 한동안 간장게장을 먹지 못했다.

처음 정인이 사건이 터졌을 때 충격과 분노로 하루하루를 보냈다. 정인이가 학대를 받은 이후 힘없는 모습은 말할 것도 없고, 건강할 때 웃는 모습까지도 뉴스에 나오면 고개를 돌렸다. 나의 아이를 보는 것도 힘들었다. 내 아이만 지키는 것으로 어른의 역할을 다했다고 할 수 있을까? 자괴감까지 들었다. 내가 할 수 있는 일이라곤 정인이 계모의 살인죄 적용을 위해 판사에게 진정서를 쓰는 것뿐이었다.

> 존경하는 재판관님.
> 최근 방영한 드라마 〈스위트홈〉의 마지막은 괴물로 변한 아이를 어른이 온몸으로 껴안으며 "괜찮다, 괜찮아, 네 잘못이 아니다"라고 말하는 장면입니다.
> 어른은 그래야 합니다. 목숨을 걸고 아이를 구하고 지켜야 합니다. 학대하고 죽이는 어른은 사람이 아닙니다. 정인이를 죽인 어른을 엄벌하지 않으면, 괴물 같은 어른이 계속 나올 겁니다. 그러면 아이들은 죽거나 괴물이 될 것입니다.
> 재판장님의 지혜롭고 정의로운 판결이 괴물을 막을 수 있습니다. 수많은 어른들의 청원 그리고 그 어른들의 아이들을 지켜주세요. 부탁드립니다.
> – 2021년 1월 5일 진정인 연우, 연서 엄마 김혜민

학대받는 아이들의 뉴스뿐 아니라 소년범들의 범죄 뉴스를 들을 때도 마음이 무너진다. 괴물로 변해버린 소년범들 사연 속에는 뉴스에서는 말하지 않은 사실, 아이들을 학대한 더 괴물 같은 어른들이 숨어있다. 그런데도 아무도 "내 탓이다"라고 말하고 책임지는 어른은 없다.

최근 몇 년 동안 해외 콘텐츠에는 그동안 소외됐던 흑인, 동양인, 여성들의 등장이 빈번해지고 있고, 대한민국 콘텐츠에는 어른의 의무가 자주 강조된다. 세월호 참사 이후부터가 아닌가 싶다. 어른들은 돈을 아끼기 위해 갑판에 기준 이상의 무게를 실었고, 평형수를 빼버렸고, 화물을 단단히 묶지 않았다. 승객을 버리고 탈출한 어른도 있었다. 인명구조에 최선을 다하라고만 명령한 대통령이 있었고, 무책임한 구조 담당자들이 있었다. 단식하는 유족을 희롱하는 어른들이 있었고, 세월호를 정치화시켜 이용한 어른들이 있었다. 어른답지 않은 어른들이 결국 아이들을 죽였다.

가습기 살균제 사태는 어떤가. 독성 강한 가습기 살균제로 산모, 영유아 등이 사망하거나 폐질환에 걸렸지만, 죄를 제대로 물어 책임을 묻는 어른도, 책임을 지는 어른도 없다. 그래서 우리는 아이를 구하고 보살피는 너무나 당연한 어른의 의무를 여러 콘텐츠를 통해 반복하고 또 반복하면서 학습하고 있다.

한 존재가 다른 존재에게 해 줄 수 있는 것들

30만 부 이상 팔린 동화, 제21회 문학동네어린이문학상 대상을 받은 소설 《긴긴밤》에는 세상에 마지막 하나 남은 흰바위코뿔소 노든이 나온다. 노든은 유일한 코뿔소로 태어나자마자 코끼리 고아원에 입소한다. 나이가 들어 고아원 밖으로 나가야 하는 노든은 두려웠지만 "너는 이미 훌륭한 코끼리이니, 이제 훌륭한 코뿔소가 되는 일만 남았다"는 어른 코끼리의 격려에 힘입어 세상에 나온다.

부모의 품을 떠나 밖으로 나온 생명체라면 누구나 그러하듯, 노든을 기다리는 건 시련뿐이었다. 사냥꾼들에 의해 아내와 딸을 잃었고, 영혼의 친구 앙가부까지 먼저 보낸다. 이제는 정말 세상을 살아야 할 어떤 이유도 없는 노든에게 존재를 알 수 없는 알이 나타난다. 노든에게는 다시 살아야 할 이유가 나타난 것이다. 마침내 어린 펭귄이 태어나고 펭귄을 바다에 안전하게 보내기 위해 노든은 펭귄을 필사적으로 지키며 긴긴밤을 보낸다.

나는 노든의 모습에서 어른의 의무를 본다. 자신을 짓누르는 현실의 고통보다 자신이 돌보고 지켜야 하는 존재에 대한 책임감. 그리고 그 책임감이 이 지랄 맞은 세상을 살아가게 하는 원동력이 되는 돌봄의 선순환을 맛본다. 마침내 노든의 생을 자양분 삼아 태어난 어린 펭귄은 용감하게 혼자 바다에 뛰어든다.

> 옛날에는 하늘이나 사람들이 참 좋았거든? 근데 요즘엔 사람들이 자기밖에 모르는 것 같고 사회는 썩어가는 것 같아. 그래도 말이야, '옛날이 좋았어' 쉽게 그런 말을 하면 안 되는 거 아닐까? 옛날을 안 살아본 사람들한테 너무 무책임한 말이잖아. 그러니까 나에게 지나간 시간이 소중했던 것처럼, 지금 또한 누군가에겐 좋은 시절이었으면 좋겠어.
>
> – 영화 〈삼진그룹 영어토익반〉 중에서

어른이 어른답지 못하면 괴물이 되고, 그 괴물은 또 다른 괴물을 만든다. 어떻게 해야 할까. 이제 "우리 때는 이러지 않았는데, 말세야 말세"라는 말을 거둬라. 더 이상 괴물들이 판치는 저주받은 세상을 한탄만 하지 말자.

더 이상 괴물 같은 어른을 우리 사회에 만들어서도, 허락해서도 안 된다. 어른 모두는 아이를 지키는 파수꾼이 돼야 하며 학대와 폭력으로부터의 감시자가 돼야 한다. 내 아이가 웃을 때 다른 아이의 울음을 생각하면, 내 아이만이 아닌 남의 아이도 지킬 수 있다.

나는 몇 년째 국제아동기구 NGO '세이브더칠드런'과 위기 아동을 구하는 프로그램을 함께 제작하고 있다. 우리는 이 프로그램의 카피를 "아이를 구하면 아이가 세상을 구합니다"라고 정했다. 노든이 작은 알을 지켜 그 알을 깨고 태어난 어린 펭귄이 홀로 긴긴밤을 지나 바다에 닿았듯이, 지금 우리가 아이를 구하면 아이는 세상을 구할 것이다.

연결감 그리고 안정감

연대를 대하는 태도

"지구는 둥그니까 자꾸자꾸 나가면, 온 세상 어린이를 다 만나고 오겠네."

어른이 돼서야 이 동요의 가사가 실감 난다. 나이가 들수록 자신의 위치가 확고해지기 때문인지 아니면 활동 영역이 좁아지기 때문인지는 모르겠지만, 하나 건너 아는 사람, 하나 건너 또 하나 건너도 아는 사람인 경우가 많다. 페이스북만 보더라도 오프라인에서 한 번도 만나보지 않은 페친과 '함께 아는 친구'가 많게는 백 명도 훌쩍 넘어가는 경우도 있다.

하지만 단순히 "나 그 사람 알아"라는 관계만으로 연결감과 안정감을 느끼기는 어렵다. classmate와 friend가 다른 것처럼, 단순히 상대의 프로필을 인지하는 사람과 연대하는 것은 쉽지 않으니까 말이다. 결국 인간관계의 질은 진정한 연결감과 안정감을 가질 수 있는 상대가 몇이나 되느냐다.

아무것도 즐겁지 않아요

"아무것도 즐겁지 않아요." 아이돌 그룹 위너의 멤버이자 싱어송라이터, 화가인 가수 송민호의 고백이다. 하고 싶은 일을 하고 많은 팬들에게 사랑받고 있지만 그는 우울증과 양극성 장애에 시달린다. 가장 빛나는 시기에 왜 그는 힘든 걸까. 정신건강의학 전문의 오은영 박사는 "민호 씨 인생에 의미 있는 사람이 있습니까?"라고 물었다. 송민호는 잠시 생각하다 "솔직히 생각나는 사람이 없네요. 마음속 깊은 공허함을 채워줄 수 있는 대상은 없어요"라고 답했다. 오 박사는 바로 이것이 송민호가 힘들어하는 이유라며 나에게 의미 있는 사람, 그 사람으로 인한 꽉 찬 마음이 없다면 성공하면 할수록 더 힘들어질 것이라고 지적했다. 의미 있는 관계에서만 가질 수 있는 꽉 찬 마음. 이것이 바로 연결감 그리고 안정감이다.

이 두 요소를 담은 연대는 요즘 같은 세상에 생존을 위해 꼭 필요한 요소다. 인간이 도구로 전락한 현대 사회, 파편화되고 단절된 세상 속에서 혼자가 아니라는 연결감, 그리고 그 속에 위협이 아닌 안정감을 느끼는 것은 충분한 공기와 깨끗한 물을 충분히 공급받는 것과 같기 때문이다.

코로나19로 세상이 닫혔을 때 우리는 직접 만나지 못해도, 만지지 못해도, 눈에 보이지 않는 끈을 서로 잡고 당기며 안부를 확인했다. 청취자들과의 전화 인터뷰에서 코로나로 힘들지 않냐고 물으면 "저만 힘든가요, 다 힘든데요. 지나가겠죠"라고 대부분 담담하게 말했다. "다 힘든데 뭐~ 나도 이겨내야지"라는 마음 하나가 전혀 모르던 타인과의 연대를 만들어냈다. 태권도장을 운영하는 한 청취자는 자신들 업종 먼저 지원금을 받게 돼서 다른 체육업종 종사자들에게 미안하다고 말하며 울었다.

'아, 나 혼자 힘든 게 아니라 우리 모두 힘들구나.'

'우리'라는 인칭대명사는 어려운 일에 더 의미가 분명해진다. 연결감 속에 희미하게나마 안정감을 느낄 수 있었다.

전파에 실린
연결감과 안정감의 힘

"전국에 계신 노래자랑 가족 여러분, 한 주일도 안녕하셨습니까? 그리고 오늘도 지구촌 곳곳에서 새로운 희망 속에 열심히 살아가시는 해외 우리 동포 여러분들, 해외 근로인 여러분들, 그리고 해외 자원봉사원 여러분 안녕하셨습니까? 그리고 오늘도 푸른 대해를 가르는 외양 선원 여러분, 원양 선원 여러분, 모든 항공인 여러분, 대한민국 국군 장병 여러분 안녕하셨습니까? 전국~노래자랑 사회 담당, 일요일의 남자 송해가 인사부터 올리겠습니다. 여러분 안녕하세요?"

송해 선생은 32년을 한결같이 해외 근로자, 원양 어선원, 해외 자원봉사자, 국군 장병에게 안녕하냐는 인사말을 건넸다. 그는 한 선장이 자신을 찾아와 '배 타고 바다에 나가는 사람들이 너무 외로운데 자신들을 응원해줄 수 없겠냐'며 남긴 부탁을 듣고 〈전국노래자랑〉 오프닝에서 선원들을 호명하기 시작했다. 타지에서 외롭고 힘들게 보내는 사람들과 매주 일요일마다 연대한 것이다.

나 역시 방송을 하면서 보이지 않는 청취자들과 연결돼 있다는 것을 종종 느끼는데, 청취자들 역시 같은 시간 늘 나오는 나의 목소리에 연결감을 갖는다. 장거리 운전을 하는 분, 하루 종일 앉아서 공장 일을 하는 분, 식당이나 미용실을 운영하는 분. 자신의 터전에서 매일 같은 시간, 같은 일로 살아가는 분들에게는 나와의 연결이 일상의 안정감을 준다.

> 기분이 들쭉날쭉할 때도 그 시간에 라디오를 틀면 연결과 안정감을 느낄 수 있는 목소리가 있고, 웃을 수 있고 신뢰할 수 있는 이야기가 있다는 것이 제 건강을 유지하는 데 큰 도움이 돼요. 기분이 저조할 땐 저 자신을 돌보는 것도 어렵고, 관계를 돌보는 것도 어려운데요. 이런 어려움을 반

복해 겪다 보니 관계는 협소하고 소원해지고요. 하지만 그런 상태가 반복되어도 관계와 소통에 대한 욕구가 없지는 않거든요. 그런 제게 매일의 방송은 돈이 없고 관계가 두려워도 안전하고 편안하게, 비교적 부담을 덜 느끼며 관계와 소통의 욕구를 채우는 소중한 시간이었어요. 성인이 되어 애착의 욕구를 이런 식으로 채우게 될 줄 몰랐는데요. 방송을 통해 사랑을 전해 주신 혜민 피디님께 감사해요.

한 번도 본 적 없는 청취자가 내게 보낸 편지를 보며 이분과 나는 연결됐음을 깨달았다. 자신을 포기하고 싶을 때, 세상과 단절돼있는 것 같을 때, 연결과 안정은 우리를 숨 쉬게 한다. 눈에 보이지 않는 전파가 호흡을 살리는 인공호흡기와 같다. 어른이라면 이웃과 세상을 어지럽히고 더럽히는 메시지가 아닌 타인과의 연결 속에서 '함께'라는 것을 느낄 수 있는 전파를 서로에게 쏴야 한다.

언론고시를 준비 중일 때 들은 이야기다. 김근태 전 의장이 민주화 운동으로 고문을 받을 때 가장 괴로웠던 것은 고문이 아니라, 고문실에 흘러들어오는 라디오 방송이었다. "따뜻한 봄 햇살이 정말 좋죠"라고 해맑게 말하는 진행자의 말이 자신의 현실과 너무 동떨어져서, 자신의 처지를 적나라하게 깨닫게 해서 힘들었다고 한다.

모든 곳에 다양한 상황과 이야기를 가진 사람들이 있다는 것을 염두하고 방송을 만들고 싶다. 내 방송이 사람과 사람을, 사람과 세상을 연결하기를, 그 속에서 작은 몸과 마음 뉘여 숨을 쉬기를 기도한다.

Why not me?

연대를 대하는 태도 2

언젠가 아이가 자려고 하면 자꾸 무서운 이야기가 생각나고, 그 일이 꼭 자신에게 일어날 것 같아 두렵다고 털어놓은 적이 있다. '그 일이 꼭 내게 일어날 것 같은 마음'은 꼭 두려움만은 아니다. 바로 '공감'이다.

성 소수자들 부모의 이야기를 담은 다큐멘터리 영화 〈너에게 가는 길〉의 주인공, 게이 엄마와 트랜스젠더 엄마를 인터뷰한 적이 있다. 좋은 인터뷰의 기본은 인터뷰이에 대한 공감인데, 나는 이성애자로 성 소수자들에 대한 충분한 지식이나 온전한 정서적 지지를 가질 수 없기에 쉽지 않은 인터뷰였다. 하지만 나 역시 부모이기 때문에 성 소수자들의 부모가 느끼는 여러 감정과 어려움은 이해할 수 있었다. 내 새끼가 어떤 상황이라도 안전한 환경에서 행복하게 살았으면 좋겠다는 부모의 간절한 마음에는 100퍼센트 공감할 수 있었기 때문이다. 만약 내 자식이 성 소수자라면 나 역시 행동하고 많은 사람들과 연대했을 것이 분명했다. 서 있는 자리가 바뀌면 풍경도 달라진다는 말처럼, 이해 못하는 남의 문제가 나나 내 가족의 문제가 되면 공감하고 연대할 수 있다.

우리 모두는
장애인이 될 수 있다

몇 년 동안 무관심 속에서 계속되던 장애인 이동권 시위는 국민의힘 이준석 전 대표 덕(?)에 2022년 전 국민의 관심을 받았다. 당시 이 대표는 장애인들이 시민을 볼모로 떼를 쓴다고 비난했다. 시민들의 출근길의 고됨은 알면서, 시위를 할 수밖에 없는 장애인들의 노력은 모르는 무지한 발언에 나는 분노했다.

왜 장애인들은 이동권 주장을 위해 시민들의 출근길을 막을까? 왜 노동자들은 적당한 노동시간과 해고로부터의 위협에서 자신을 보호해달라며 위험천만한 고공농성을 선택할까? 왜 전태일은 노동권 보장을 위해 자기 몸에 불을 붙였을까? 이유는 간단하다. 이준석 대표 말처럼 떼를 쓰지 않으면 아무도 안 들어주니까.

2022년 6월, 이준석 대표는 취임 1년 기자회견에서 자신의 업적에 대해 한참을 읊었다. 시원한 에어컨 바람을 쐬며 쾌적한 환경 속에서, 자신의 말을 듣겠다고 몰려온 기자들 앞에서 말이다. 그러니 이준석 대표가 공감하지 못할 수밖에…. 노동자들은 하늘로 올라가 고공농성을 하지 않으면, 몸 하나 불사르지 않으면, 세상은 눈 하나 깜짝하지 않는다는 현실을 말이다.

평소 존경받는 한 목사가 자신의 SNS에 장애인 이동권 시위에 대해 옹호를 한다며 '장애우'를 위한 배려의 중요성을 강조했다. 하지만 장애우는 장애인들이 싫어하는 호칭이다. 그 단어에는 장애인을 향한 비장애인들의 어쭙잖은 호의가 담겼기 때문이다. 장애인들의 이동권은 정부나 비장애인들이 베푸는 호의가 아니라, 당연한 권리 보장이다. 그러기에 장애인 이동권은 싸워서 쟁취할 것도, 떼를 써서 예산안을 받아낼 일도 아니다.

특권은 보통 돈이나 권력을 가진 사람들이 갖는 것이라고만 생각하지만, 일상적으로 보통 사람이 누리는 특권도 상당히 많다. 책 《선량한 차별주의자》는 평범해 보이는 특권을 누리는 사람들이 행하는 차별에 대해 말하고 있다.

> 나에게는 아무런 불편함이 없는 구조물이나 제도가 누군가에게는 장벽이 되는 바로 그때, 우리는 자신이 누리는 특

권을 발견할 수 있다.

- 김지혜, 《선량한 차별주의자》 중에서

보통 사람이 누리는 일상의 특권은 잃어버리지 않은 한 인식하지 못한다. 그리고 자신이 누리는 특권이 없어질 것이라고 생각하지 못한다. 내가 장애인이 될 것이라고, 가난해지리라고, 그러니까 내가 소수자가 될 것이라고 전혀 의심하지 않기 때문에 약자들이 무얼 갖지 못했는지, 어떤 점이 힘든지 공감할 수 없다.

미래의 나의 일이니까요

몇 년 전 비정규직 급식노동자의 파업이 있었다. 당시 사람들은 아이들의 밥을 볼모로 노동자들이 파업을 한다며 비난했다. 그때 특성화고등학생권리연합회에 소속한 고등학생들이 급식노동자들의 파업을 지지하는 인증샷을 올려 화제였는데, 당시 염광여자메디텍고등학교 3학년 박지수 학생과 인터뷰를 했다. 박지수는 비정규직 급식노동자들의 미래가 자신들의 미래임을 잘 알기에 지지할 수밖에 없다고 말했다.

비정규직 노동자이기 때문에 차별과 무시는 당연한 것이라고 인식하는 사회적 분위기가 문제인 것 같아요. 정규직, 비정규직은 말 그대로 직종의 차이일 뿐이잖아요. 그런데 현실에서는 사람의 차이로, 신분의 차이로 여기는 것. 능력이 부족하고 배운 게 없으니까 비정규직이 된 거고, 비정규직이니까 차별과 무시는 마땅하다면서 바퀴벌레니 뭐니 이렇게 말하는 사람들도 있더라고요.

– 박지수, 〈YTN라디오 생생경제〉 인터뷰 중에서

지수 학생은 급식노동자들의 파업으로 불편한 건 맞지만 평생 이렇게 힘들게 살아온 비정규직 급식노동자들이 참고 사는 게 맞냐고 반문하며, 불편한 건 일시적이니 지지를 보내는 것이 맞다고 동의했다. 나는 그녀에게 "훗날 지수 씨가 지금 비정규직 급식노동자들처럼 어려움을 겪고 있을 때, 또 다른 지수 씨가 당신을 도와줄 것"이라며 응원을 보냈다.

우리 모두는 다 연결될 수 있다

아름다운 사회는 나와 직접적으로 관계가 없는 타인의 고통에 대해 예민한 사람들이 살아가는 사회, 그래서 열심히 정직하게 살아온 사람들이 자신의 자존을 지킬 수 없을 때 그 좌절에 함께 분노하고 행동할 수 있는 사회라고 생각해요.

– 김승섭, 《아픔이 길이 되려면》 중에서

나에게 일어나지 않을 일은 세상에 없다. "내가 될 수도 있다"라는 생각은 상상만이 아니라 충분히 현실이 될 수 있다. 교통사고로 가족을 잃은 바이든 대통령이 신을 원망하고 있을 때, 바이든의 아버지는 "왜 너는 아닌데?"라는 말로 아들을 일으켜 세웠다. 장애인의 대다수가 중도 장애인이며, 지금도 전쟁으로 가족과 나라를 잃은 난민들과 범죄에 희생되는 피해자들이 늘 생기는데 나만 아닐 리가 없다. 이준석 대표도 어느 날 장애인이 될 수 있음을 잊어서는 안 된다. 'Why me'를 'Why not me'로 바꿔보자. 공감과 연대가 시작될 것이다.

어떤 경우에는
내가 이 세상 앞에서
그저 한 사람에 불과하지만

어떤 경우에는
내가 어느 한 사람에게
세상 전부가 될 때가 있다.

어떤 경우에도

우리는 한 사람이고

한 세상이다.

- 이문재, 〈어떤 경우〉

나도 살아야죠

진상 어른을 대하는 태도

정말 소개하고 싶고 홍보고 싶은 진상 어른들이 5천 명 정도 되는데, 아직 회사를 다니며 사회생활을 하고 있는 관계로 쓸 수 없다. 이게 바로 진상 어른을 대하는 나의 현실적인 태도다. 할많하않. 이상 끝.

바람이 불어오는 곳

흔들림에 대한 태도

어른 22년 차, 나는 진보 정권(노무현)에 어른이 됐고, 보수 정권(이명박)에 언론인이 됐다. 그리고 보수 정권(박근혜)에서 진보 정권(문재인)으로, 다시 보수 정권(윤석열)으로 바뀌는 것을 뉴스의 중심에서 보았다. 좌우 이념 갈등에서 성별, 세대 갈등으로 분열이 확산되고 있는 대한민국에서 정권이 바뀌었다는 것은 단순히 정치 진영이 바뀌었다는 말만은 아니다. 허리케인 급 태풍이 온 것과 다름없다.

선악을 판단하는 기준이 바뀌고, 문제를 진단하는 축이 흔들린다. 이런 상황 속에서 사람들의 다양한 변화를 관찰한다. 어떤 사람은 허리케인의 조짐만 보여도 자신을 지켜줄 지붕을 찾아 헤맨다. 반대로 아랑곳하지 않고 맨몸으로 돌아다니다 결국 흔적도 없이 사라지는 사람도 있다. 아무리 허리케인이 강력해도 지나간다는 것을 안다며, 온몸이 찢겨도 핵 안에 서

있는 사람도 봤다. 반대로 하늘이 맑고 바람이 없는 고요한 곳, 태풍의 눈을 찾아 숨는 사람도 봤다.

> 이렇듯 정치적 · 사회경제적 격변은 동시대를 살아가는 사람들에게 다른 경험과 의미를 만들어낸다. 정규직으로 진입하기 위해 극심한 경쟁을 겪고 있는 오늘의 20대가 보다 공정한 기회를 염원하며 든 촛불과, 민주화 투쟁에 젊은 날을 바치고 퇴행하던 민주주의를 구하고자 오늘의 50대가 든 촛불의 의미는 사뭇 다르다. 우리는 동일한 연대기적 시간을 살고 있는 듯 보이지만, 실제로는 완전히 상이한 시대를 각기 경험하고 있는 것이다.
>
> – 이철승, 《불평등의 세대》 중에서

2016년 박근혜 대통령이 촛불시위로 대통령 자리에서 내려온 후, 제도권 밖에서 정부를 비판하다 블랙리스트에 이름을 올린 사회문화예술인들이 제도권 내 주요 방송 진행자가 됐다. 돌을 들고 진격했던 투사들과 방패를 들고 방어하는 수비수의 위치가 완전히 바뀐 것이다.

그리고 2019년, 일명 '조국 사태'를 시작으로 같은 편이었던 진영이 갈라지기 시작했다. 그동안 민주화라는 시대적 목표를 이루기 위해 동지였던 그들이 누구보다 강력한 적이 됐다.

이 차이는 안 그래도 갈기갈기 찢어진 대한민국 사회를 더 갈라서게 했고, 갈등은 혐오로까지 이어졌다. 강남좌파라는 신조어의 주인공이었던 조국은 새로운 적폐의 상징이 됐고, "사람에게 충성하지 않는다"던 진보 정권의 검찰총장 윤석열은 보수 정권을 되찾아오는 대통령으로 등극한다.

대한민국은 외국에서 1년에 한두 번 일어날 법한 사건 사고가 한 달에 한 번 일어난다. 불행인지 축복인지 다이내믹 코리아의 속도는 갈수록 더 빠르고, 범위는 더 넓어지고 있다. 그 속에서 중심을 잡고 사는 것은 쉬운 일이 아니다. 그러기에 앞으로 개인은 더 다양한 정체성으로 세분화될 것이고, 같은 편끼리 더 강력한 응집성으로 더 많은 집단을 만들 것이다. 즉, '편'이 많아진다는 뜻이다. 그래서 어떤 판단을 하고 어떻게 행동을 하느냐는, 어른으로 가져야 할 몸가짐이나 행동, '처신'의 핵심이 될 것이다.

그럴 수도 있지 뭐

우리 엄마는 어릴 때 나에게 "~인 것 같아요"라는 말을 되도록 쓰지 말라고 했다. 확실하게 자신의 뜻과 생각을 밝히는 것이 중요하다는 이유였다. 하지만 나는 요즘 "○○이다"라고 확신하는 것이 얼마나 위험한가를 생각한다. 그래서 최근 의식적으로 가장 많이 하는 말은 "그럴 수도 있지 뭐"다.

아이들이 커가면서 자신들의 가치 판단의 기준이 생기고, 거기서 벗어나는 사람들에 대해 평가하는 일이 잦아졌다. "엄마, 친구 ○○가 나한테 이런 말을 했어", "엄마, ○○이 이렇게 행동했어. 나쁘지"라는 말을 자주 한다. 나는 "그래? 속상했겠다" 혹은 "화가 났겠다"라고 동의한 후 "그런데, 그럴 수도 있지 뭐"라고 덧붙인다. 이 말이 박쥐 같아 보일 수도 있고 회색분자처럼 여겨질 수도 있겠지만, 아직 명확한 가치관과 판단이 서기 전인 아이들에게 너무 명확하고 확고한 언어와 생각을 가르치는 것이 나는 무섭다.

칼뱅은 20대 때 자신만의 정의와 거룩의 기준에 맞춰 사람들을 판단하고 정죄했다. 신의 다양성을 무시했으며, 모든 유희를 죄악시해 삭막한 세상을 만들었다. 세례식 때 하품을 하면 구속, 예배 중에 졸아도 구속, 심지어 화려한 옷을 입어도 처벌받았다. 모든 술집은 철거됐고 거리에 음악도 흐르지 않았다. 그는 20대 때 세운 철학과 신앙을 죽는 날까지 바꾸지 않았고, 남은 삶을 자신이 옳다는 것을 증명하기 위해 소비했다. 그 가운데 칼뱅도, 칼뱅이 만든 세상도 깡말라 갔다. 혼자 상상해 본다. 죽어서 하나님을 만난 칼뱅에게 하나님이 "누가 너 보고 그렇게 피곤하고 각박하게 살다 오랬니? 왜 고집은 부려서…"라고 눈을 흘기시지는 않았을까.

최근 자신의 의견과 사상을 강하게 확신하는 사람을 자주 본다. 그리고 그것을 증명하기 위한 과도한 언쟁과 싸움이 곳곳에서 벌어지는 것을 보면 누구를 위한 정의며, 이념인지 모르겠다. 정의의 개념과 상황에 따른 해석도 다양해지는 요즘, 불변하는 기준을 자의적으로 정해놓고 정의와 불의, 선인과 악인을 나누는 것은 자신이 판 무덤에 빠지는 꼴이자 스스로에게 출구를 봉쇄하는 일이다.

흔들려야 한다

상상만 했던 일이 현실 속에 일어나고 눈 떠보면 전혀 달라진 세상을 살면서, 자신의 생각과 살아가는 태도에 변화가 없는 사람은 둘 중 하나다. 유아독존이거나 무식하거나. 사람이 어떻게 바뀌냐고? 바뀌어야지. 나이가 들면 생각도 넓어지는 것이 당연한 것 아닌가. 흔들릴 수 있다는 것을 인정해야, 자신이 변질되고 있다는 것도 알아차릴 수 있다.

나도 엄마가 되고 나서 생각이 많이 바뀌었다. 늘 사형제도 폐지를 주장했지만, 사람 같지 않는 범죄자들에게는 사형제도는 꼭 있어야 한다고 중얼거리게 됐다. 이해가 가지 않았던 일이 이해가 갔고, 오해가 풀리기도 했다. 16년 동안 독일의 선택을 받았던 메르켈은 단호하고 조용한 정치인으로 알려졌지만, "내가 내 신념을 항상 명쾌하게 확신하는 것은 아니에요. 때로는 의혹을 품곤 하죠"라고 말했다. 자신의 신념을 의심하는 것. 흐르는 시대와 민심에 맞게 '그럴 수도 있지 뭐'라고 생각하는 흔들림이 16년 동안 독일이 선택한 메르켈을 만들었다.

바람은 동서남북에서 다 분다. 하지만 내 시선과 마음이 어느 방향에 서 있는지에 따라 순풍이 역풍으로 될 수도 있다. 나는 앞으로도, 어느 때는 책을 읽다가, 영화를 보다가, 어느 때는 누군가와 이야기를 나누다가 흔들릴 것이다. 확신했던 생각을 어느 틀 안에 넣지 않고, 자유롭고, 합리적으로 바꿀 수 있는 유연한 어른으로 살고 싶다. 변화하고 성장한다면 흔들려야 한다. 흔들려도 괜찮다.

Part 4.

우리 그냥 다 함께 살아요

관심을 두지 않았던 곳에

연대와 환대라는

오지랖이 펼쳐지는 기적.

이 또한 지나가리라

기쁜 날에 대한 태도

한국인 배우 최초로 미국 골든글로브 시상식에서 남우조연상을 받은 배우 오영수는 수상 소식을 듣고 생애 처음으로 자신에게 "괜찮은 놈이야"라고 말했다. 축배를 들만도, 쏟아지는 인터뷰에서 여러 말을 쏟아 낼만도 한데, 수상 직후 그의 발걸음은 연극 공연장으로 향했다. 과거의 작품으로 탄 상 보다 지금 하고 있는 공연 연습이 더 중요하다는 이유였다.

'깐부'라는 대사 덕에 깐부치킨으로부터 광고를 제안받았지만, 그는 "깐부는 이 작품의 핵심 요소인데 이를 이용해 광고를 찍는 것은 작품의 의미를 훼손하는 것"이라며 완곡하게 거절했다. '어떻게 살아야 할까'라는 질문에는 "우리 사회가 1등 아니면 안 될 것처럼 흘러갈 때가 있어요. 그런데 2등은 1등에게 졌지만, 3등에게 이겼잖아요. 다 승자예요"라는 말을 남기기도 했다. 생애 기쁜 날에 비추는 화려한 스포트라이트를 뒤로하고 지금 하고 있는 일을 최우선으로 두고 일상을 살아가는 태도가 엿보였다. 오영수는 여전히 연극무대를 지키고 있다.

아카데미 시상식에서 여우조연상을 수상한 배우 윤여정도 마찬가지다. 수상 직후 기자회견에서 '지금이 당신의 최고의 순간이냐'라는 질문에 "아카데미 수상이 최고는 아니잖아요? 꼭 최고여야 하나요? 최중 하면 어때요. 우리 그냥 다 함께 살아요"라고 답했다. 비록 그녀는 이혼하고 아들 둘을 키우기 위한 생계형 배우였지만, 그 속에서 자신을 잃지 않고 이혼녀, 엄마, 여배우, 할머니, 노인에 한계를 두지 않으며 배우의 필모그래피를 만들었다. 그리고 마침내 세계 정상에 올랐다.

윤여정 역시 이렇게 기쁜 날은 지나갈 일이라는 걸 알기에 이런 답변을 할 수 있었다. 나영석 피디는 윤여정은 허황된 꿈을 꾸거나 야심 차지 않다고 평했다. 영화 〈미나리〉가 좋은 성과를 거두면서 사람들이 이러다가 아카데미까지 가는 것 아니냐고 했을 때, 윤여정은 꿈도 꾸지 말라고 응대했다. 윤여정은 평소 "종종 살다 보면 별별 일이 다 있고 인생에는 늘 놀라운 일이 기다리고 있다. 실망감에 맘이 상하느니, 기대를 아예 안 하다가 보너스처럼 그런 일이 이루어지면 다행이라 여긴다"라는 말을 자주 했다.

이 또한 지나가리라

2018년은 나에게 중요한 한 해였다. 꿈이었던 첫 책《눈 떠 보니 50》을 출간하고, 많은 사람들의 사랑을 받은 셀럽 김민식 피디, 정재찬 교수와 함께 북 콘서트도 열었다. 그 해 제작한 라디오 다큐멘터리로 상도 받았다. 어느 해보다 일로 인정받고 즐거운 시간이었다. 특히 북 콘서트가 열린 날에는 벅찬 감정과 흥분으로 모든 일정이 다 끝나고 나서도 며칠 동안 몸과 마음에 여진이 남아 있었다. 뭔가 내 인생에 변화가 생길 것 같고 이벤트들이 이어질 것 같았다. 그러나 이 모든 시간이 지나가고 내가 깨달은 것은 '기쁜 날도 지나가고, 다시 내가 사는 평범한 일상이 돌아온다'는 너무나 당연한 진리였다.

'이 또한 지나가리라(This, Too, Shall, Pass away)'라는 말은 힘들고 슬픈 일에만 쓸 수 있는지 알았는데, 기쁜 날에도 적용되는 것을 이때 알았다. 이 말의 유용성을 깨닫는 순간이다. 전쟁에서 승리한 다윗 왕이 보석 세공인에게 반지 안에 승리의 기쁨에 취했을 때 마음을 조절할 수 있으면서 동시에 전쟁에 패했을 때 용기 낼 수 있는 글귀를 넣으라고 명령한 것이 이 문장의 기원이다. 인생에서 가장 처참한 일도, 최고 영광스러운 일도 지상에서 잠깐 스쳐 가는 한순간에 불과함을 기억하라는 세공인의 지혜가 응축된 문장이다.

그걸 깨닫고 나니 자연스럽게 어떤 일이든 과도한 기대나 상상은 하지 않게 됐다. 두근거림을 포기한 것은 아니지만, 두근거림으로 평온한 일상을 방해받지는 않을 정도로 마음을 다스릴 수 있게 됐다.

모든 일에 때가 있다

'이 또한 지나가리라' 문장을 반지에 세긴 다윗 왕. 그리고 그의 아들 솔로몬은 '헛되다'로 시작해 무려 37회나 '헛되다'를 반복한 전도서의 기자로 인생을 이와 같이 기록했다.

1 범사에 기한이 있고 천하 만사가 다 때가 있나니
2 날 때가 있고 죽을 때가 있으며 심을 때가 있고 심은 것을 뽑을 때가 있으며
3 죽일 때가 있고 치료할 때가 있으며 헐 때가 있고 세울 때가 있으며
4 울 때가 있고 웃을 때가 있으며 슬퍼할 때가 있고 춤출 때가 있으며
5 돌을 던져 버릴 때가 있고 돌을 거둘 때가 있으며 안을 때가 있고 안는 일을 멀리 할 때가 있으며

6 찾을 때가 있고 잃을 때가 있으며 지킬 때가 있고 버릴 때
가 있으며
7 찢을 때가 있고 꿰맬 때가 있으며 잠잠할 때가 있고 말할
때가 있으며
8 사랑할 때가 있고 미워할 때가 있으며 전쟁할 때가 있고
평화할 때가 있느니라
-《성경》, 전도서 3장 1~8절

긴 인생 속에 돌아보면 기쁜 날도 슬픈 날도 그저 하루뿐일지 모른다. 지금 너무 기뻐 구름 위를 걷는 것도, 너무 슬퍼 땅끝을 기어가는 것도. 그저 하루일 뿐, 기쁜 날과 슬픈 날이 날 때와 죽을 때처럼 인생 과정의 당연한 일처럼 받아들인다면, 모든 날들을 그저 덤덤하고 자연스럽게 받아들일 수 있는 품위 있는 어른이 될 수 있지 않을까.

그렇게 살아가다 보면 이날들의 끝에 기막힌 세월을 살아온 '나'에 대한 존중감과 존경심을 갖게 될지도 모른다. 이 모든 시간이 당신이 어떤 사람인지 세상에 보여준 시간들이니 말이다. 그럼 우리도 배우 오영수처럼 자신에게 '괜찮은 놈이야'라고 속삭여주는 어른이 될지도 모른다.

"별일 없어?"라는 말의 비밀

남의 행복을 대하는 태도

니가 깜짝 놀랄만한 얘기를 들려주마
아마 절대로 기쁘게 듣지는 못할 거다
뭐냐하면 나는 별일 없이 산다 뭐 별다른 걱정 없다
나는 별일 없이 산다 이렇다 할 고민 없다

니가 들으면 십중팔구 불쾌해질 얘기를 들려주마
오늘 밤 절대로 두 다리 쭉 뻗고 잠들진 못 할거다
그게 뭐냐면 나는 별일 없이 산다 뭐 별다른 걱정 없다
나는 별일 없이 산다 이렇다 할 고민 없다

이번 건 니가 절대로 믿고 싶지가 않을 거다
그것만은 사실이 아니길 엄청 바랄 거다
하지만 나는 사는 게 재밌다 하루하루 즐거웁다

나는 사는 게 재밌다 매일매일 신 난다

- 장기하, 〈별일 없이 산다〉 중에서

장기하는 이 노래를 만들 게 된 계기가 어머니 때문이라고 했다. 그의 어머니는 그에게 "누군가 요즘 어떻게 지내냐고 물었을 때 '별일 없다'고 하면 별로 안 좋아한다"고 말했다. 만약 "우리 애가 이혼해서 걱정이 많다"라고 하면 상대는 안 됐다고 하면서도, '나만 그런 걱정거리가 있는 게 아니구나'하고 위안을 받는다는 말이다.

손쉽게 자주 건네는 인사 "별일 없어?"라는 질문과 "응. 별일 없어"라는 답변 속에 진짜 숨은 마음을 알게 된 건 30대가 되어서였다. 어느 순간, 상대방이 별일 없다고 하는 말보다는 별일 있다는 답변에 내가 더 반응한다는 것을 깨달았다. 상대의 별일 없음이 슬펐다기보다는 "재는 무슨 팔자가 저렇게 편해서 별일이 없어?"라는 질투였고, 상대의 별일 있음이 기뻤다기보다는 "봐봐. 인생이 다 그런거지 뭐. 나만 힘든 게 아니었어. 차라리 내 형편이 더 낫네"라는 위안이었다.

'슬픔은 나누면 반이 되고 기쁨은 나누면 배가 된다'라는 속담 역시 비현실적이라는 것도 알았다. 나이가 들수록 타인의 슬픔을 나누는 것은 너무나 쉬웠다. 아이가 아플 때, 부모님이 돌아가셨을 때, 회사에서 치욕을 당했을 때, 친구로부터 배신당했을 때 등 이런 일들에 함께 화내고 슬퍼하기란 얼마나 쉬운가.

정말 어려운 일은 상대의 성공을 함께 기뻐하는 것이었다. 집을 샀을 때, 아이가 좋은 성적을 받았을 때, 회사에서 승진했을 때, 성과를 얻었을 때 "어머 축하해, 잘됐다"라고 말하고 있었지만 내 눈은 웃고 있지 않았다. 상대의 행운에 숨겨진 불운을 혼자 찾아내며 "에이, 저럴 바에는 저런 행운이라면 없는 게 나아"라고 스스로를 위로했다. 손에 가득 쥔 사탕에 울고 웃는 아이가 아닌, 타인의 행복을 진심으로 빌어주고 축복해주는 어른이 돼야 하는데, 사이코드라마의 주인공처럼 널뛰기하는 내 모습이 한심할 뿐이다.

조언을 던지는 내 진짜 마음

별일 없다는 말에 반응한 내 속내를 알아차리면서, 동시에 내가 상대에게 했던 조언의 민낯에 대해서도 깨달았다. 내가 20대를 돌아보며 나 자신이 부끄러울 때는 누군가에게 한 조언들이 떠오를 때다. 당시에는 내 조언을 상대가 원한다고 생각했고, 상대의 상황을 바꿀 수 있을 정도로 대단한 세기의 지혜라고 착각했다. 그런데 돌아보니 그건 조언을 빙자한 상대방을 향한 비난이었고 나의 오만이었다.

'너는 왜 그 정도로 밖에 생각을 못 해. 그렇게 행동했으니까 이런 일이 생긴 거잖아' 하는 비난과 폭력을 조언이라는 포장지로 곱게 숨겨 우아하게 쏟아내고 있었다. 어른이 누군가에게 충고를 구하는 것은 답을 얻기 위함보다는 공감과 위로를 얻기 위함인데, 나는 충고를 던지는 미련한 짓을 계속하고 있었다. 내 속내를 상대가 모를 리가 없었다. 이 지면을 빌어 나의 조언으로 상처 입은 누군가들에게 진심으로 사과하고 싶다. 지금도 나는 여전히 그런 오류를 행하지만, 이제는 조언 따위는 집어치우고 들어주고 격려하려고 의지를 가지고 노력한다.

지금까지 자기 고백을 했으니 자기 위안을 하자면, 그래서 나는 남의 행복을 온전히 받아들이기 위한 연습을 시작했다. 하루에 꼭 한 명, 남의 행복을 빌어주는 것을. 아무런 대가도 조건도 없이 그저 행복을 빌어준다. 남의 불행을 소비하면서 위안 받는 대신, 남의 행복을 빌어줌으로써 나의 상황으로부터 조금 떨어지는 법을 선택했다. 나의 기도에 남의 기도를 한 줄 끼워 넣었다. 내 아이의 건강을 위해 기도할 때 아이를 갖고 싶어하는 사람들을 위해, 아픈 아이를 위한 기도를 한 줄 얹었고, 나의 남편을 위해 기도할 때 부부관계로 어려움을 겪는 사람들을 위한 기도를 한 스푼 넣었다.

성미정 시인의 시 〈김혜수의 행복을 비는 타자의 새벽〉은 가장 쓸데없는 걱정이라는 연예인 걱정을 하는, 김혜수와 동갑내기인 시인의 고백이다. 이 시에서 시인은 "주제 높게 나보다 몇 배는 예쁘고 돈도 많은 김혜수의 행복을 빌고 있는 속내"에 대해, 고민해도 답도 없는 자신의 문제에 빠져 있는 것보다 전혀 관계가 없는 타인의 행복을 빌어주는 게 나을 것 같다고 고백한다. 시인은 그러다보면 그 행복이 언젠가 자신에게도 닿지 않을까 기대했다. 책《우리가 인생이라고 부르는 것들》에서 이 시를 소개한 정재찬 교수는 비록 지금 내 패는 별로지만 내가 빌어준 복이 돌고 돌다 보면 내게로 돌아오지 말라는 보장도 없지 않으냐며, 그러니 생판 모르는 타자들의 행복을 빌어주는 푼수가 사실은 타짜라고 설명했다.

어릴 때부터 구급차가 지나가면 구급차 안에 있는 환자와 가족을 위해 기도하는 습관이 있었다. 나와 전혀 상관없는 사람의 안녕이 그저 좋았던 그때의 마음을 회복하고 싶다. 타인의 행복과 안위를 비는 것. 바로 이 마음을 "별일 없어"라는 대답에 흔들리지 않을 나만의 패로 만들어 인생의 진짜 타짜가 되고 싶다. 바로 지금, 이 글을 읽고 있는 당신의 별일 없음을 간절하게 빈다.

이런, 꽐라만씨!

부정적인 감정을 대하는 태도

기쁠 때 기쁘고, 슬플 때 울고, 배고플 때 힘없고, 아프면 능률 떨어지는 자연스러운 일들이 자연스럽게 내색되고 자연스럽게 받아들여졌으면 좋겠습니다. 특히 저희 아티스트 분들은 사람들을 위로하는 일을 하는 만큼, 프로 의식도 좋지만 사람으로서 먼저 돌보고, 다독이고 내색하지 않으려 하다가 오히려 더 병들고 아파지는 일이 없었으면, 진심으로 정말 없었으면 좋겠습니다.

– 아이유, '제32회 골든디스크어워즈' 수상 소감 중에서

가수 종현이 자살하고 아이유가 시상식에서 수상 소감으로 한 말이다. 대중 앞에서 늘 웃어야 하는 연예인들에게 부정적인 감정을 표현하는 것은 금기시됐다. 인간이라면 누구나 당연히 느끼는 좌절, 슬픔, 분노가 허락되지 않는다는 것은 들

숨만 있고 날숨은 없이 숨을 이어가라는 말이다. 살아보니 "참아라"라는 말은 조언보다 폭력으로 다가가는 경우가 더 많았다. 굳이 "참아라"라는 말을 하지 않아도 될 만큼, 사실 우리는 너무 많이 참고 산다.

나도 죽이고 싶을 정도로 미운 사람이 있었다. 그런데도 그가 밉다고 입 밖에 꺼내지 못했고, 그 사람을 벌해달라는 기도도 하지 못했다. 누군가가 죽일 정도로 밉다는 이야기와 타인을 저주하는 기도, 그 자체가 익숙하지 않았다. 하지만 사실 실제 성경에 나오는 거룩한 인물들은 자신을 괴롭힌 자들을 찢어 죽여달라든지, 삼대가 멸하게 해달라든지 등의 수위가 꽤 높은 표현으로 하나님께 애원한다. 그리고 하나님은 이웃에게 왜 그런 저주를 퍼붓냐고 화내지 않는다. 그들의 이야기를 침묵하며 들으신다. 어느 곳에도 소문나지 않을 신에게까지 나의 부정적인 감정을 표현 못 할 필요는 없었는데 말이다.

희로애락의 절반은
부정적 감정

사람들은 표현해도 되는 감정을 '긍정적인 감정'으로만 국한한다. 기쁨, 노여움, 슬픔, 즐거움인 희로애락(喜怒哀樂) 중 절반은 부정적인 감정임에도 말하지 않는 것이 미덕이고 어른다움이라고 여긴다. 좋은 걸 "좋다"하고, 예쁜 것을 "예쁘다"라고 표현하는 것만큼, 싫은 것을 "싫다", 미운 것을 "밉다"라고 말하는 것은 건강한 행위이다.

왜 부정적인 감정을 표현해야 할까. 혈액의 노폐물과 지방이 림프절에 쌓이면 면역력이 약해지고 혈액 순환이 원활하게 되지 않아 몸이 붓고 두통까지 유발한다. 이를 막기 위해 일상에서 림프 순환 마사지를 꾸준히 하는 것이 중요한데, 실제 림프 순환 마사지가 불안과 우울증을 감소시킨다. 마찬가지로 몸에 쌓인 독소처럼 부정적인 감정이 내 마음에 겹겹이 쌓이면 작은 자극에도 내면이 무너지고 일상생활이 흘러가지 못한다. 몸과 마음에 해로운 나쁜 감정을 흘려보내는 건 마음 건강을 지키는데 기본 중의 기본이며, 표현하는 것이 바로 감정 배출의 시작이다.

부정적인 감정에
더 많이 귀 기울여야

감정을 표현하는 일은 하루아침에 되는 일도 아니며, 외향적인 성격이라고 가능한 일도 아니다. 자신의 감정을 부정당하지 않고 왜곡 없이 누군가가 들어준 경험들이 꾸준히 쌓여야 가능하다.

그래서 나는 아이를 양육하면서 아이의 부정적인 감정을 있는 그대로 표현할 수 있도록 한다. 특히 부정적인 감정은 그 감정을 표현하는 것에 대해 어느 것보다 자연스러워야 하는데, 아이들이 어릴 때 표현하는 부정적 언어나 감정에 대해 부모가 과민반응 하지 않는 것이 중요하다. "엄마, 나 정말 친구 ○○○이 정말 싫어. 걔가 나를 정말 화나게 했어"라고 말했을 때, "연우야, 그런 말 하면 안 돼. 친구와 잘 지내야지"라는 엄마의 반응이 아이에게 수치심을 주고, 결국 부정적인 감정을 마음 깊숙한 곳에 숨기게 만든다. 친구에게 속상한 마음을 털어놓고 누군가의 욕을 했는데 "어어. 그럼 안 돼. 누구나 사랑해야지"라고 대답하면 얼마나 재수 없겠는가. 그런 도덕 교과서 같은 말보다는 "정말 속상했겠다. 와, 엄마도 그런 상황이면 너무 화났을 것 같은데"라는 말로 감정의 지지를 표현하는 것이 우선이다.

감정의 지지보다 더 중요한 것은 아이가 가진 그 화의 근원에 대해 아이 스스로 알아차리고 표현하는 것이다. 아이들은 자신의 마음과 상태를 말하는 데에 있어서 감정의 스펙트럼이나 단어 사용이 넓지 않다. 그래서 '좋다, 싫다'라는 표현밖에 모르는 아이들에게 감정을 얼마나 다양하게 세분화해서 표현할 수 있는지 알려주는 것이 중요하다. 이때 마음 상태를 표현한 형용사가 적혀있는 감정 카드를 이용하는 것도 좋다.

이 방법은 어른인 나에게도 유용하다. 부정적인 감정이 나를 지배할 때, 그 감정을 있는 그대로 인정하고 이런 감정을 느끼는 나를 스스로가 지지한다. 그리고 부정적인 감정을 세밀하고 잘게 썰어 직면해본다. 이후 쌍욕을 하든, 소리를 지르든, 명상을 하든 당시 내가 하고 싶은 방법을 그대로 따른다. 이렇게 되면 이러한 행동은 더 이상 감정이 지배해서 나온 돌출 행동이 아니라, 내가 감정의 주인이 되어 컨트롤 해 선택한 표출이 된다.

드라마 〈우리들의 블루스〉에서 동석은 자신의 엄마를 평생 미워하며 살았는데, 죽은 엄마의 몸을 껴안고 울면서 깨닫는다. "나는 평생 어머니를 미워했었던 것이 아니라 이렇게 안고 화해하고 싶었구나. 이렇게 어머니를 오래 안고, 지금처럼 실컷 울고 싶었구나." 자신의 부정적인 감정이 무엇인지 깊게 들여다보지 않으면 내 감정에 내가 속는다. 그리고 언젠가 후회할 날이 올지도 모른다.

요가를 시작했을 때, 몸 곳곳에 숨을 보내라든지 특정 근육에 힘을 주라든지 하는 말이 이해가 가지 않았다. 그런데 어느 정도 요가를 하다 보니 내 몸 구석구석과 숨결의 존재 그리고 평소 인식하지 못했던 내 몸을 인지하게 됐고, 조율할 수 있게 됐다. 이처럼 부정적인 감정을 알아차리고 표현하는 데에도 수련이 필요하다.

자, 화가 치밀어 오르고 억울해 미치겠다면 잠시 책을 덮고 따라해 보시라. 한 호흡으로 빠르고 정확하게 읽는 것이 킬링 포인트다.

“이런 조카가깎아준씹팔가지색연필, 씨발라먹을 수박, 이런 꽐라만씨!”

이 욕이 당신을 살릴 것이다.

강동우와 백이진을 위한 변명

미움받는 사람을 대하는 태도

둘리가 아닌 고길동이 불쌍해지면 어른이 된 거라던데. 아이들과 〈아기공룡 둘리〉를 보며 이전에 몰랐던 둘리의 뻔뻔함과 고길동의 고귀한 희생을 발견하고, 이 말에 고개를 끄덕였다. 아들 희동이를 오빠에게 맡기고 유학을 떠나는 고길동의 동생을 보며 분노를 하기까지 했다. 길동 아저씨의 나이만큼 나이를 먹고서야 그를 이해할 수 있었던 이유는 길동의 인생을 길동의 관점에서 볼 수 있어서였다. 지금부터 나는 공공의 적으로 엄청난 욕을 먹은 두 인물에 대한 변명을 쓰고자 한다.

1999년 강동우를 위한 변명

드라마 〈청춘의 덫〉은 1999년 고3 때 나의 위로였다. 심은

하(서윤희 역)를 보면서 '나도 대학교 가면 저렇게 예뻐지겠지' 위안했고(대학을 간다고 심은하가 되는 것이 아니었다. 그건 다시 태어나야 하는 일이었다), 심은하를 버리고 부잣집 딸 유호정을 택한 이종원(강동우 역)을 욕하며 입시 스트레스를 해소했다.

나의 고3 한 자락에 자리 잡은 이 드라마를 마흔이 돼서 유튜브에 올라온 매회 요약본으로 다시 보게 됐다. 그런데 20년이 지나고 다시 보니, 심은하는 여전히 예쁘다는 사실 외에는 그 드라마의 모든 것이 다 다시 보였다.

가장 크게 달라진 점은 이종원의 입장을 보는 나의 시선이었다. 죽일 놈이라고 육두문자를 쓰며 욕했던 그의 선택이 이해가 가기 시작했다. 편찮으신 부모님, 지지리도 가난한 집구석, 변변찮은 동생들. 가족에 대한 책임감 그리고 이 모든 것에서 벗어나고 싶은 그의 욕망. 진부하다고 욕하면서 보는 이 스토리는 사실 누구나의 이야기가 아니던가. 상황이 꼭 맞지 않더라도 몸서리치는 나의 현실에서 벗어나고 싶고, 기회가 주어진다면 망설임 없이 탈출하고 싶은 마음은 우리 모두에게 다 있으니까.

나만 이런 생각을 가진 것이 아니었다. 이 드라마를 중년이 되어 다시 시청한 사람들은 "왜 저는 그때 이종원을 욕했을까요. 지금은 너무 이해가 가네요", "이종원 너무 부럽다", "나라도 100번도 더 저런 선택을 할 것 같아요"라는 댓글을 남겼다.

이런 마음이 드는 것은 꼭 이종원이 잡은 백마 탄 공주님이 부러워서는 아니다. 살아보니 사는 것이 녹록지 않고, 현실의 팍팍함이 인생의 막막함으로 다가오는 그 상황과 마음을 너무 잘 알기에 이종원의 선택을 자연스럽게 공감하게 된 것이다.

2022년 백이진을 위한 변명

인기리에 방영된 드라마 〈스물다섯 스물하나〉의 결말을 두고 많은 사람들이 분노했다. 자신의 일 때문에 여자친구 김태리(나희도 역)와의 관계를 망쳐버린 남주혁(백이진 역)의 선택 때문이었다.

하지만 나는 백이진의 선택을 다르게 봤다. 백이진은 어른이 되자마자 IMF로 가족이 흩어지는 경험을 한다. 어린 나이에 생계 현장에 뛰어들었고, 부도가 난 아버지로 피해를 본 사람들의 비난과 욕설을 대신 받아야 했다. 백이진이 할 수 있는 것은 "저는 어떤 상황에서도 행복하지 않을게요"라는 말로 성난 어른들을 달래는 것뿐이었다. 그러나 다행히도 이진은 자신을 학대하거나 불행하게 두지 않았다. 망설임 없이 나희도와 사랑했고, 관계 속에서 성장했다. 기자가 됐고, 사건이 아닌 뉴스 속 주인공들의 사연에 집중하겠다고 다짐한다.

모든 드라마가 그렇듯, 아니 인생이 그렇듯 운명은 백이진을 그렇게 편안히 살게 두지 않는다. 9·11테러 현장에 파견된 그는 수많은 죽음과 가족의 붕괴를 목격한다. '나 하나 여기 있다고 세상이 바뀔 수 있을까'라는 현실 인식, 가족이 헤어지고 서로를 그리워하는 사람들을 보며 회상된 과거의 상처, 과도한 감정이입 등이 그를 얼마나 힘들게 했을까. 연인이 있는 안전한 한국으로 돌아오고 싶었을 것이다. 그러나 우연히 만난 소방관의 대화가 그를 잡았고, 연인과의 헤어짐을 선택한다.

> 백이진: 그만두고 싶지 않나요? 다들 너무 오래 슬픔에 잠겨 있잖아요.
>
> 소방관: 거기가 내 일터고 그게 내가 선택한 일이니까요. 나는 내 일을 하고 당신은 당신의 일을 하는 것으로 모두의 삶이 지속되고 있으니까요.

당신의 일로 모두의 삶이 지속되고 있다

백이진은 자신을 구세주라고 착각하거나 성공에 욕심이 있어서 사랑하는 연인과 헤어진 사람이 아니다. 나는 백이진에게 "당신은 그저 당신의 일을 충실히 하는 것이 지옥에서 모두의 삶을 지속하게 할 수 있다고 믿는 좋은 사람"이라고 위로해 주고 싶다. 그는 아버지의 사업으로 갑자기 혼자된 지난날, 좌절과 분노로 자신과 시간을 소모하기보다 자리를 털고 일어나 신문 배달부터 할 수 있는 일을 다 했다. 그것이 흩어져 있는 가족의 삶을 이어가게 하는 것임을 알았기 때문이었다. 그는 그렇게 단 한 번도 변하지 않고 성실하게 자신의 몫을 다했다.

물론 20대 김혜민은 나희도와의 헤어짐을 선택한 백이진을 손가락질했을지도 모른다. 20대는 아무리 사랑해도 남의 아픔보다 나의 상처가 더 큰 법이니까. 나의 치열함이 가장 버겁고, 나만의 깊은 우물에 빠져있는 나날들이니까 말이다. 그러다 보니 이 시기에 놓치는 것도 많다. 주변에 소중한 사람도, 기회도, 자연의 아름다움도, 일상의 감사함도 그 당시엔 유치하고 사치일 뿐이다. 그러나 그 시간이 있었기에 그때의 설익은 나의 판단과 행동을 훗날 후회하고 추억할 수 있을 정도로 한 움큼은 성장하는 것이 아닐까. 굳이 이별이 아니더라도 충분히 자신과 서로를 지킬 수 있음을 아는 건 40대의 김혜민이지 20대의 김혜민이 아니기 때문에, 40대의 김혜민은 백이진과 나희도의 선택을 응원한다.

"나이가 드니 저 사람도 별수 없네. 이빨 빠진 호랑이야"라고 누군가를 평가할 때가 있다. 상대방이 너무 이해가 안 가고 미워서 이빨을 드러내며 달려들던 내가, 세월이 지나서 뭉뚝

해져 이런 말을 들어도 나쁘지 않을 것 같다. 살면서 한 번쯤은 충조평판(충고, 조언, 평가, 판단) 말고, 미움만 받는 누군가를 위해 대신 변명해주는 그런 넉넉한 어른이 되는 것도 멋진 일 아닌가. (물론 변명해줄 수 없는 죽도록 미운 누군가도 분명 있다. 나에게도 있다.)

이왕이면 프로 불평러가 되자

불평을 대하는 태도

나이가 들면서 누군가를 평가할 때 “박복하다”라는 표현을 추가했다. 박복은 ‘복이 없고 팔자가 사납다’라는 뜻인데, 박복한 사람들을 보면 복이 오다가도 저 인간 하는 짓거리를 보면 달아날 것만 같다. (분명 당신은 지금 무릎을 치며 누군가를 생각할 것이다. 주변에 한 사람 이상은 꼭 있다. 나도 누군가를 떠올리며 분노의 키보드질을 하는 중이다.)

이런 사람들은 모든 일에 끊이지 않고 불평한다. 매끼 음식에 대한 불평을 하고, 누구를 만나던 상대의 허물과 단점을 찾아낸다. 마치 더듬이처럼 보이지 않는 레이더망을 달고 있는 것 같다. 모든 사람의 단점 리스트를 가지고 다니는지, 좋은 점보다는 나쁜 점을 저렇게 빨리 찾아내고 그 단점을 극대화 시킬 수 있는지 신기할 따름이다. 심지어 장점까지도 왜곡해서 단점으로 둔갑시킨다. 기승전 ‘남의 탓’으로 모든 이야기가 귀

결된다. 가장 신기한 사실은 본인이 타인에 대해 굉장히 관대하다는 착각 속에 산다. 여러모로 둔갑술에 능한 사람들이다. (이 글을 읽으며, 당신 머릿속에 이런 사람이 세 명 이상은 떠오를 것이다. 떠오르지 않는다면… 미안하지만 당신이 그런 사람일 수도 있다.)

모든 것을 못마땅하게 여기고, 여과 없이 말과 행동으로 표현하는 불평러들이 한 명이라도 옆에 있으면 바람 빠진 풍선처럼 힘이 빠지는 게 사실이다. 하지만 불평러 앞에 '프로'가 붙으면 다르다.

불평은 나의 힘

BTS를 만든 하이브 방시혁 의장은 서울대 졸업식 축사에서 자신을 "꿈은 없지만 불만은 엄청 많은 사람"이라고 소개했다. 하지만 그의 불만은 음식 맛이나 타인에 대한 것 같은 지엽적인 것은 아니었다.

> 저의 불만은 제 작업과 제가 만든 회사의 일에도 똑같이 발휘됐습니다. 최고가 아닌 차선을 택하는 '무사 안일'에 분노했고, 더 완벽한 콘텐츠를 만들 수 있는데 여러 상황을 핑계로 적당한 선에서 끝내려는 관습과 관행에 화를 냈습니

다. 그중에서도 저를 가장 불행하게 한 것은 음악 산업이 처한 상황이었습니다. 이 산업은 전혀 상식적이지 않고, 불공정과 불합리가 팽배한 곳이었습니다. 음악을 직업으로 삼고, 이 세계를 알아가면서 점점 저의 분노는 더 커졌습니다. 제가 세상에서 가장 사랑하는 음악이 세상으로부터 부당한 대우를 받고 이용당하고 있는 느낌을 받았습니다. (중략) 그리고 이제 저는, 그 분노가 제 소명이 됐다고 느낍니다. 음악 산업 종사자들이 정당한 평가를 받고 온당한 처우를 받을 수 있도록 화를 내는 것. 아티스트와 팬들에 대해 부당한 비난과 폄하에 분노하는 것. 제가 생각하는 상식이 구현되도록 싸우는 것. 그것은 평생을 사랑하고 함께 한 음악에 대한 저의 예의이기도 하고, 팬들과 아티스트들에 대한 존경과 감사이기도 하면서, 마지막으로 저 스스로가 행복해지는 유일한 방법 같습니다. (중략)

상식이 통하고 음악 콘텐츠와 그 소비자가 정당한 평가를 받는 그날까지, 저 또한 하루하루를 치열하게 살아갈 겁니다. 격하게 분노하고, 소소하게 행복을 느끼면서 말입니다.

– 방시혁, 2019년 서울대 졸업식 축사 중에서

방 의장은 자신의 묘비에 '불만 많던 방시혁, 행복하게 살다 좋은 사람으로 축복받으며 눈감음'이라고 적고 싶다고 했다. 그는 알았던 것이다. 불평만 한다면 불행하게 살다 죽을 것이라는 걸. 그래서 그는 행복하게 살기 위해 불만을 해결하는 것을 소명으로 삼고 움직였다.

거대한 꿈과 이념이 아니어도, 부당한 현실에 대한 정당한 불만은 세상을 바꿀 수 있다. 입으로 쏟아내는 불평을 멈추고 발로 뛰는 행동을 한다면 말이다. 그는 앞으로도 온당한 불만을 계속 가질 것이며, 개선을 위한 싸움을 멈추지 않는 것으로 불평러가 아닌 '프로 불평러'의 삶을 살 것이다.

행동으로 증명하는 불평의 힘

"김장겸은 물러가라"며 MBC 정상화를 외친 김민식 전 MBC 피디는 잘못된 회사 시스템에 불평만 하지 않고 행동했다. 불평만으로는 본인이 행복해질 수도, 조직이 나아질 수도 없었기 때문이다. 당연히 사측의 핍박과 불이익이 이어졌지만 그는 포기하지 않았고, 마침내 김장겸 사장은 물러났다. 내가 주목한 것은 이후에 그가 보여준 태도다.

새로운 세상을 여는데 기여한 사람들이 공을 인정받아 승진하고 보직을 맡는 상황에서, 김 피디는 자신은 보직을 맡지 않겠다고 선언했다. '내가 이렇게 했는데 이 정도는 해줘야지'

라는 마음은 당연하다. 회전문 인사, 끼리끼리 인사가 다 그런 결과물 아니겠는가. 그러나 그는 조직을 새롭게 하는 일에 생색내지 않았고, 자신의 투쟁을 대가를 바라는 싸움으로 변질시키지 않았다. 그리고 그는 완장 대신 카메라를 잡고 드라마 현장으로 돌아갔다. 진정한 프로 불평러의 모습을 보여줬다.

자신이 일하는 환경과 동료, 가족에게 불만이 없을 수 없다. 하루에 열두 번도 회사를 때려 치고 싶고, 이혼하고 싶은 사람이 한둘이겠는가. 만약 불평이 없는 조직이라면 그곳은 휴거를 믿는 이상한 종교단체임이 분명하다. 그러기에 불평도 뒷담화도 인절미의 콩고물처럼 당연히 따라오는 것이다. 하지만 불평은 영혼을 좀먹는다. 그리고 간접흡연처럼, 타인의 불평을 계속 들으면 나 역시 피폐해진다.

나도 안다. 나의 불평처럼 당신의 불평에는 반드시 이유와 논리가 있을 것이다. 그러니 계속 불평해도 좋다. 하지만 나의 불평이 내 인생을 박복하게 만들지 않기 위해서는 방시혁, 김민식처럼 프로 불평러가 되길 바란다. 행동으로 나의 불만이 옳음을 증명하자.

소명과 욕망을 구분하라

욕망을 대하는 태도

나는 소녀 같은 할머니가 되고 싶다. 너무 거칠거나 모나지 않게 살고 싶고, 세상 풍파에 너무 찌들고 싶지 않다는 소망이 담긴 꿈이다. 살다 보면 종종 소녀 같은 할머니, 소년 같은 할아버지들을 만날 때가 있다. "귀엽다"라는 말이 죄송스럽지만, 이 표현이 정말 잘 어울리는 분들을 뵐 때면 어떻게 살아오셨는지 대강 짐작이 간다. 수필가 피천득 선생은 구순이 돼서도 매일 밤마다 인형들에게 안대를 씌어 주고 굿나잇 인사를 전했다. 평생 선생으로, 작가로 살면서 작고 여린 것들의 아름다움을 써온 그의 글이 왜 곱고 투명했는지 알 수 있다.

내 삶의 절반 정도를 언론인으로 살면서 1인자 자리에 앉았다가 추락한 사람들의 삶을 직간접적으로 많이 지켜봤다. 그들 중 상당수는 자아가 아닌 욕망이 자신의 인생을 이끌어 갔다. 결국 마지막 승자는 끝까지 왕좌를 지킨 사람이 아니라,

자신을 지킨 사람이다. 그리고 자신을 지킨 사람은 소명과 욕망을 구분할 수 있다.

내 업의 본질은 무엇인가?

베스트셀러 《시를 잊은 그대에게》의 저자로, 〈김제동의 톡투유〉의 패널로 큰 인기를 얻은 한양대 정재찬 교수는 유명해지면서 스스로를 경계하기 위한 말로 "소명과 욕망을 구분하자"는 문장을 정했다. 그는 '내가 정말 잘하는 일인가', '꼭 해야 할 가치가 있는 일인가'라는 두 가지 질문을 던지고 모두 다 충족될 때 앞으로 나아간다. 선택의 기준 축은 바로 '시'다. '시'를 알리는 자리에 서는 것은 자신의 소명에 맞는 선택이고, 그렇지 않다면 유명세로 얻은 욕망에 의한 선택이다. 정 교수는 결국 능력과 역할 측면에서 자기 자신이 대체 불가한 사람인가 점검하고, 자신의 정체성을 손상시키지 않는 일을 소명으로 정의했다.

백세 학자 김형석 선생은 책 《백년을 살아보니》에서 "내 일 때문에 많은 사람이 인간답게 사는가"라는 문장이 일을 선택하는 기준이 된다고 했다. 그래서 그는 밖에 내놓을 만한 감투는 한 번도 써본 일이 없다. 연세대 교수 시절, 행정직을 맡을 시간에 공부를 하는 게 낫다고 판단해 학생처장을 거절했더니 행정에 무능한 사람으로 찍혔다. 이후 학생상담소장으로 봉사한 것 외에는 보직을 맡지 않았다. 그는 보직과 감투를 좋아하는 교수는 긴 안목으로 보면 성공하지도 영예롭지도 못한 경우가 더 많다며, 감투가 없으니 뒤따라오는 명예도 없지만 일을 남겼으니 감사할 뿐이라고 말했다.

물론 자신의 소명을 이루기 위해 감투를 맡는 경우도 있다. 예전에 팟캐스트 〈나는 꼼수다〉에서 노회찬, 유시민, 심상정 대표가 출연해 권력이라는 것을 너무 천박하고 가볍게만 여겼다며, 권력이 있어야 좋은 세상도 만들 수 있음을 뼈저리게 깨달았다고 말한 바 있다. 책《메르켈 리더십》에 따르면, 메르켈은 자신이 세운 목표나 자신이 맡은 공적 의무를 달성하기 위해 권력이 필요하다는 것을 일찌감치 알았다. 그는 권력을 결코 추잡한 단어로 보지 않았다. 권력 자체가 나쁜 것이 아니고 권력은 반드시 필요하다며 권력의 중요성을 강조하면서, 동시에 권력은 무언가를 하는 것이라고 정의하기도 했다. 메르켈은 임기 내내 자신의 공적 임무를 철저하게 수행했으며, 세상이 공식적인 직무를 넘어서 자신의 사적 영역에 관심을 두는 것을 허락하지 않았다. 그럼에도 그는 세 번을 연임했고 성공적인 총리의 모습을 보여줬다. 철저하게 소명에 따라 권력을 사용한 사람으로 평가 받는다.

영웅이 필요 없는 세상

> 누구나 이렇게 자기 직업과 직분의 본질을 지키며 사는 세상이 온다면, 우리는 비로소 살 만한 세상, 소설에서나 꿈꾸었단 세상에서 살게 될 것입니다. 모두가 영웅이어서 영웅이 필요 없는 세상일 테니 말입니다.
>
> – 정재찬, 《우리가 인생이라 부르는 것들》 중에서

할머니 배우를 꿈꾸던 월드스타 강수연이 55세 나이로 세상을 떠났다. 강수연은 한국 영화의 상징이었고 "우리가 돈이 없지 가오가 없냐"를 외친 당당하고 주체적인 여성이었다. 그녀의 죽음을 보며 인상 깊었던 점은 긴 시간 화려한 여배우의 삶을 산 인생에 비해, 사후 강수연에 대한 평가는 단순하고 일관적이었다는 사실이다. 그것은 강수연이 '연기'라는 자신의 업 외에 눈을 돌린 적 없는 소명에 충실한 사람이었고, 그녀의 선택과 행보가 소명 안에 있었기 때문이었다.

강수연은 무엇보다 그녀의 본질인 연기를 누구보다 잘했으며, 작품을 선택할 때 역시 시대의 고민을 담아 선택했다. 최고 시청률 35.4퍼센트를 기록한 드라마 〈여인천하〉는 사극에서 늘 조연이었던 여성 인물이 전면으로 등장했고, 그가 출연한 영화 〈무소의 뿔처럼 혼자서 가라〉와 〈처녀들의 저녁식사〉

는 한국 페미니즘에 기록할 만한 영화였다.

그녀는 부산국제영화제의 산증인이라 할 수 있는데, 1996년 초대 심사위원을 시작으로 공동집행위원장까지 때에 맞는 역할을 해냈다. 특히 영화제가 정치적으로 어려움을 겪을 때 배우로서 꺼려질 수 있는 공동집행위원장을 맡으며, "정권의 마음에 들지 않는 영화를 틀었다는 이유로 보복당했고, 20년간 쌓은 영화제의 명성이 훼손됐다"라는 입장을 과감히 밝히기도 했다. 잔망스런 연기를 펼치던 소녀 강수연, 천하를 호령하는 여인을 그려내던 강수연 다음으로 두 개의 보조개가 움푹 파인 할머니 배우 강수연을 보고 싶었는데 참 아쉽고 서운하다.

영웅이 필요한 시대, 영웅이 없다고 말한다. 그래서 우리는 어벤져스 시리즈에 열광하는지도 모르겠다. 어벤져스 영웅들은 능력과 과거 스토리는 각자 다르지만, '지구를 지키겠다'는 소명은 같다. 그 소명 아래 제각기 다른 성격과 개인기, 취향은 중요하지 않다. 소명이 같기에 하나로 뭉칠 수 있다. 반대로 악당들은 어벤져스만큼 뛰어난 능력이 있지만 욕망대로 산다. 그게 바로 소명대로 사는 영웅과 욕망대로 사는 악당의 차이다. 강수연을 단순히 스타가 아닌 배우로 살게 한 이유기도 하다.

세상에 필요한 이야기를 하는 사람

소명. 신의 부름을 받은 일이라는 종교적 의미이자, 삶의 목적의식과 의미 추구라는 뜻으로 해석할 수도 있다. 결국 소명은 나의 일과 인생에 가지는 관점과 태도이다. 연세대 손영우 교수가 소명에 대해 소개한 논문에 따르면 소명은 열정, 정체성, 특정일에 대한 운명적인 느낌을 갖는 긴급함, 지속의 의지를 담은 연장, 의식, 의미, 특정 분야의 자존감으로 구성된다고 했다. 그래서 소명이 이끄는 삶은 나에게도 세상에게도 이롭다.

마흔이 되고 나의 소명을 다시 점검했다. 직업이 나를 완전히 정의하는 것은 아니며, 직업은 영원할 수 없으니 직업을 나의 소명으로 삼을 수 없었다. 나의 소명은 '신이 주신 모든 재능을 이용해 세상에 필요한 이야기를 하는 사람'으로 정의했다. 때로는 앵커로, 피디로, 작가로, 엄마로, 친구로, 선후배로, 수다쟁이로, 토론자로, 비판자로, 위로자로, 격려자로, 그렇게 누군가에게 세상에 필요한 이야기를 하는 사람으로 살고 싶다. 그리고 나의 모든 선택이 그 연장선상에 동일하게 놓여있기를 바란다.

무엇보다 나의 욕망을 소명으로 포장하며 추하게 늙어가

지 않기를 소망한다. 55세에 가장 빛나던 때 세상을 떠난 강수연처럼, 어느 때에 세상을 떠나도 영롱하게 존재하고 싶다.

끝까지 함께 웃으며 투쟁

모멸감을 이기는 태도

최근 대한민국 사람들이 가장 자주, 많이 느끼는 감정 중 하나는 '모멸감'일 것이다. 모멸감은 "넌 나에게 모욕감을 줬어"라는 유명한 영화 대사의 '모욕감'보다 더 무겁고 확장된 감정이다. 사회학자 김찬호는 모멸감을 "다른 사람에게 나의 존엄성을 부정 받았을 때 느끼는 감정"이라고 설명했다. 실제 내가 방송에서 다루는 사건사고 속에는 모멸감으로 인한 자살과 살인으로 개인의 삶이 무너지는 경우도 많다. 이처럼 모멸감은 인간의 존엄성을 무너뜨리는 강력한 감정이기도 하지만, 아이러니하게도 사회를 바꾸는 투사와 운동가들의 시작이 되기도 한다.

35년 해고노동자, 김진숙

뜨거운 날씨에 마스크까지 써서 더 힘들었던 2020년 여름날, 35년째 복직 투쟁을 하고 있는 해고노동자 김진숙 민주노총 지도위원을 만나러 부산으로 향했다. 김진숙은 항암치료를 하며 매일 한진중공업 앞에서 복직을 위한 출근 시위를 하고 있었다. 정년을 곧 앞둔 상황이라 김진숙은 물론, 그녀의 복직을 돕던 많은 사람들의 애가 타고 있는 때였다. 나는 그 상황을 알려야 했다. 인터뷰는 전화로도 진행할 수 있었다. 그러나 그녀의 긴 투쟁 현장에 단 한 번도 함께 하지 않았던 내가, 그녀의 마지막 투쟁까지 편하게 전하고 싶지 않았다.

김진숙에게 가는 길, 두 가지 선물을 준비했다. 김진숙의 긴긴 싸움에 변함없는 지지를 보내며 함께 늙어온 홍세화 선생과 변상욱 기자의 응원 메시지 녹음파일과 평생 작업복을 입고 싸워온 그녀의 목에 두를 핑크빛 스카프였다. 스카프 대신 땀을 닦는 수건을 둘러매고 살았을 김진숙에게, 핑크와 전혀 어울리지 않는 삶을 살았을 그의 목에 꼭 둘러주고 싶었다.

투사들을 직접 만나면 대부분 놀란다. 이렇게 작았다고? 이렇게 잘 웃는다고? 이렇게 부드럽다고? 아니, 이렇게 평범하다고? 김진숙도 그랬다. 몇 년 동안 타워크레인 위 고공에서 혹독한 계절과 경영진과 맞서 싸운 여성 노동자, 머리가 하얗게 센 그녀는 작은 몸에서 쏟아져 나오는 사자후 같은 외침과 너무 다르게 소금꽃 한 송이 같았다. 35년의 피, 땀, 눈물이 흰 눈 결정체처럼 뭉쳐져 그녀의 머리 위에 고스란히 올려져 있었다.

내 앞에 앉은 한 여성 노동자가 쏟아낸 이야기는 영화 속 이야기가 아니라, 대한민국의 과거였고 현실이었다. 갓 어른이 된 19세 김진숙은 여성 용접공으로 살았다. 화장실도 없는 열악한 작업환경 속에서 아저씨들과 정직한 땀을 흘리고 밥을 먹으며 살았던 시간이었다. 그러던 중 노조 활동을 시작했고, 활동 5년 만에 경찰 대공분실에 끌려갔다. 그리고 영영 회사에 돌아갈 수 없는 해고자의 삶이 시작됐다.

내가 모멸감을 느낀 이유

김진숙의 삶을 듣다가 가슴이 답답해져 그에게 물었다. 겨우 5년 다닌 회사인데, 인생을 걸고 싸우지 말고 차라리 다른 직장을 구하지 그랬냐는 우문에 뭐라고 답하겠느냐고 말이다. 그녀는 이런 질문이 가장 억장이 무너지는 것이라 했다.

2003년도에 김주익 지회장이랑 곽세규 형이랑 두 사람이 한꺼번에 목숨을 끊은 일이 있었을 때, 부산 지하철에 노조에서 붙인 대자보가 있었습니다. 그 사건의 억울함과 부당함에 대해서 대자보가 붙었었는데, 그 대자보를 본 청춘 남녀가 "저렇게 억울하면 딴 데 가서 일하면 되지, 왜 저기서 죽어?" 이 얘기를 하는데…. 제가 그 친구들한테 뭐라고 얘기를 해야 되는데, 사람이 억이 막힌다는 거잖아요. 말은 안 나오고, 막 가슴은 벌벌 떨리고, 그러다가 지하철이 들어와서 그 친구들은 그걸 타고 가버렸습니다. (중략)
단순히 해고라는 게 생계의 문제였으면 다른 데로 갔겠죠. 근데 그때 노동조합 활동을 한 거를 '빨갱이, 불순분자, 김일성의 막내딸, 평양 김 씨…' 심지어는 뭐 때문에 그랬다는 설명조차도 저한테 해주지 않았습니다. 그냥 배후 조종자가 누구냐, 삼촌이 고정 간첩이다, 언제 접선했냐… 삼촌 이름을 들어본 적도 없는 사람한테 말이죠. 이런 일들을 겪으면서 어디 가서 무슨 일을 하겠어요.
우선 저는 그때 당시에는 '이게 잘못된 일이고 이걸 바로잡아야 된다'는 생각이 들었었고요. 그리고 누구라도 저에게 설명해줬으면 좋겠다는 생각을 간절하게 했었습니다. '네가 뭐가 잘못됐고, 왜 해고됐고, 왜 네가 이런 활동을 하면 안 되는지'에 대해서 제발 부디 설명을 좀 해줬으면 좋겠다고. 아무도 설명을 해주지 않았어요.

– 김진숙, 〈YTN라디오 생생경제〉 인터뷰 중에서

김진숙에게 해고는 단지 생계의 문제만이 아니었으며, 투쟁은 단지 복직만을 위한 것이 아니었다. 노조 활동으로 '김일성 막내딸'이라는 조롱까지 받은 김진숙에게 복직은 인생을 걸고 잘못된 걸 바로잡는 행위였다. 그런데 사람들은 그걸 너무 쉽게 '먹고 사는 문제'로 치부했다. 가족까지도.

> 심지어 가족들한테도 상처를 받죠. 가족들도 "딴 데 가서 돈 벌면 되지, 왜 그 고생을 하고 그러고 있냐", "너 때문에 조카들까지 잘못되면 어떻게 하냐"라는 얘기도 하고. "너 때문에 형부가 진급에서 떨어졌다" 그래서 언니들도 잘 안 봐요. 지금도 그게 저는 상처고, 그동안 그런 세월들이 있는 건데요.
>
> 친구들한테도 설명할 수 없는, 어느 순간 웃고 얘기를 하다가도 그냥 그들이 문득문득 내뱉는 말 한마디에 상처를 받고…. 노태우가 코가 커서 잘생겼다는 얘기를 하고 전두환이 그래도 그렇게 밀어붙여서 경제를 살렸다라는 얘기들을 하는데, 그런 얘기들을 들으면 저는 '이걸 어디서부터 얘기를 해야 되나' 하는 생각이 드는 거예요. 박정희가 보릿고개를 없앴다는 얘기를 하면, 저는 18살 때 손가락을 미싱에 박아가면서 커피 마실 돈도 없으니까 타이밍을 사먹어가면서 일했던 그 노동들이, 일주일씩 곱배기 철야했던 노

동들이 생각이 나는 거거든요. 근데 그냥 이런 얘기들을 어디서부터 설명을 해야 저 사람들을 내가 설득할 수 있을까 하는 생각이 들면 참 막막할 때가 많아요. 그런 세월들을 끝내는 게 저한테는 '복직'이죠.

끝까지 웃으면서
끝까지 함께 투쟁

2022년 2월 25일, 복직을 위한 투쟁 37년 만에 김진숙은 복직했다. 이미 퇴직을 넘긴 시점이라 그녀의 복직식은 곧바로 퇴직식이 됐다. 이 하루를 위해 그녀는 37년을 싸웠다. 37년과 바꾼 하루였다.

"다른 직장을 구하면 되지 뭐하러 여기서 죽어?"라고 말한 누군가처럼 37년이 아깝다고, 그 좋은 날을 왜 그렇게 미련하게 보냈냐고 혀를 차는 사람이 있을지 모르겠다. 하지만 나는 그의 13분의 마지막 연설을 보며, 지나온 37년이 김진숙을 닳아 없애기는커녕 달궈서 더 뜨겁게 했다는 것을 알 수 있었다.

김진숙은 퇴직 연설에서 수많은 노동자들의 피눈물로 젖은 작업복은 자신이 입고 퇴장하겠다며, 미래 세대를 향해 "나를 즈려밟고 가라" 외쳤다. 그리고 35년을 해고노동자로 살게 한 회사를 향해 더 이상 해고노동자를 만들지 말라고, 하청노동자를 차별하지 말라고, 일하다 다치거나 죽는 사람이 없게 해달라고 부탁했다.

동료가 어제 죽은 현장에 오늘 일하러 간 경험이 없는 사람은 감히 할 수 없는 농도 짙은 호소였다. 그리고 연설의 마지막은 지금 다시 정리해고의 위기 앞에 선 동지들에게 응원을 보내며 37년간 수만 번 외쳤을 외침으로 끝냈다.

"끝까지 웃으면서 끝까지 함께 투쟁."

모멸감으로 시작했고 모멸감으로 이어간 투쟁의 마침표를 찍는 순간이었다.

그리고 또 한 사람, 서지현 검사

모멸감으로 투쟁의 길을 나선 또 한 사람이 있다. 자신의 모든 것을 걸고 미투를 한 서지현 검사에게, 사람들은 "튈려고 저런다", "정치하려고 하겠지", "능력으로 안 되니 저렇게 해서 자리 차지하려고 하는 거다"라는 말을 던졌다. 서지현은 내게 말했다. "내가 대단한 용기가 있거나 사명감이 있어서 한 일이 아니에요. 도저히 참을 수 없어서, 내가 이렇게 하면 조직이 바뀔까 봐, 그리고 내 후배들은 이런 환경 속에서 일하지 말라고 한 일이에요."

> 신념이 투철해서가 아니라 굴종할 수 없어 끝내 버텼던 한 인간이 있었음을. 이념이 굳세서가 아니라, 함께 일하고 같은 꿈을 꾸었던 동지들의 상여를 메고 영도 바다가 넘실거리도록 울었던 그 눈물들을 배반할 수 없었던 한 인간이 있었음을 기억해주십시오.
>
> **– 김진숙, 퇴직 연설 중에서**

김진숙도 서지현도 대단한 용기와 사명감 때문에 투사가 된 것이 아니다. 모멸감에 무너질 수 없어서, 동료를 배신할 수 없어서, 후배들에게 같은 길을 걸어가라고 할 수 없어서 할 수밖에 없는 일들이었다. 그리고 거친 그 길을 걸어가면서 수없이 반복되는 모멸감을 느꼈지만 절대 포기하지 않았던 것은 도구로서가 아닌 존엄한 인간으로 살고 싶다는 마음에 기꺼이 자신의 마음을 포개준 사람들이 있었기 때문이었다.

모멸감을 끝내
이길 수 있었던 비법은

영화 〈빌리 엘리어트〉에서 광부였던 빌리의 아버지는 폐광을 막기 위해 파업하며 동료들과 투쟁한다. 하지만 결국 아들 빌리의 발레학교 입학을 위해 동료들을 배신하고 일터로 향한다. 그때 아버지의 동료들은 비난보다는 이해를 하며, 아들 빌리를 위해 자신들이 가진 돈을 내어놓는다. 아버지를 배신자로 만들지 않은 건 동료들이었다.

김진숙에게도 37년의 투쟁의 시간을 함께한 동료들과 시민들이 있었다. 그녀가 단식하면 함께 굶고, 그녀가 걸으면 그 걸음을 지키던 동료들, 생면부지의 사람들이 자신이 할 수 있는 방법으로 그녀의 투쟁을 지지했다. 그들이 있었기에 그녀는 배신자도 포기자도 되지 않을 수 있었다. 서지현에게도 역시 "미투"라고 외치는 지지자들이 있었다. 그래서 서지현은 모멸감에 무릎 꿇지 않고 법무부 '디지털 성범죄 등 대응팀'을 조직해 피해자를 돕는 일을 시작할 수 있었다.

'함께'가 모멸감을 이긴 김진숙과 서지현의 힘이었다. 그리고 이 힘은 자신만의 싸움이 아닌, 힘없는 존재를 위한 싸움으로 전선을 확장했기 때문에 얻을 수 있었다. 그러니 모멸감으로 치를 떠는 당신, 너무 절망만 하지 마시길 빈다. 당신의 정당한 모멸감을 응원해줄 누군가와 함께 당신의 모멸감을 불씨 삼아 어두운 곳을 비출 수 있는 구석진 곳을 찾아내길 바란다. 끝까지 함께 웃으며 투쟁.

함께 행복해야 하는 이유

행복을 대하는 태도

가장 친한 친구와 같은 시기에 아이를 배 속에 품었다. 봄이와 결이는 태어나기 전부터 친구였다. 에미들이 평생 친구인 것처럼, 아들들도 평생 친구의 운명을 타고났던 것이다. 하지만 친구의 아이는 태어나자마자 사흘 만에 천국에 갔다. 아이를 잃은 에미의 심정에 반도 못 미쳤겠지만, 죽도록 괴로웠고 힘들었다.

결이가 아픈 3일 동안 '하나님, 봄이에게 주실 축복들 중에 한두 개 정도 안 주셔도 되니 결이를 살려주세요'라고 기도했다. 내 아이가 조금 덜 가져도 내 친구와 함께 아이를 키우며 사는 행복이 더 크다고 믿었기 때문이다. 그때 알았다. 나만 행복하다고 행복할 수 있는 게 아니구나. 내 친구가 불행하니 나도 불행하구나. 내 아이만 건강하다고 다 되는 게 아니구나. 내 아들 친구가 아프니 나도 아프구나.

내 아이의 합격 소식 플러스 알파

미등록 아동들과 특성화 고등학교 학생들, 산업재해로 세상을 떠난 노동자들에 대한 글을 쓰는 은유 작가가 자신의 SNS에 둘째 아이가 대학에 들어갔다는 소식을 전했다. 때가 되면 종종 올라오는 평범한 자식의 합격 소식 내용이었지만, 은유 작가의 글에는 합격 소식만 있지 않았다.

> 꽃수레가 재수생활을 졸업하고 대학에 합격했다. (중략) 둘째 아이까지 다 대학에 들어가고 나니 내가 지극히 표준화된 삶의 영역에 들어온 기분이다. 사실이 그렇다. 죄책감은 아니고 나 혼자 마음이 복잡했다. (중략)
> 작년 초에 중대재해기업처벌법 제정하라고 국회 앞에서 농성할 때 고 김동준 어머니 강석경 선생님이 조카의 대입 합격 소식을 전하며 그랬다. 나는 우리 애 입시 뒷바라지도 못해봤고 앞으로도 못해본다고. 그 말씀하실 때 맺힌 눈물방울을 나는 봐버렸고 마음에 맺혔었다. (중략) 이맘때 대학 합격 발표가 나고 그럴 때, 어떤 부모들은 그럴 아이가 지상에 없어서 그럴 수 없어서 우는 나라, 대한민국에서 나는 대학생 엄마가 되었다.
>
> – 은유, 개인 페이스북 갈무리

기쁜 일이 있을 때 온전히 기뻐하는 것은 당연하며 건강한 일이다. 아픈 누군가까지 생각하며 내 기쁨을 억누르거나 표현을 억제할 필요는 없다. 하지만 나를 춤추게 하는 이 기쁜 일을 더 이상 꿈꿀 수조차 없는 사람도 이 지구 한 편에 있다고 한 번쯤 나를 깨우는 것도 어른으로서 행복을 대하는 태도다.

조금만 눈을 크게 뜨고 귀를 열면 표준화된 삶, 특별할 것 없는 평범한 삶을 살지 못하는 사람들이 너무나 많다. 그걸 알면 지금 내가 누리는 것에 감사하며 겸손할 수밖에 없다. 그리고 그러지 못하는 사람들에 대한 안타까움과 공감의 마음이 생기기 마련이다.

아빠 찬스의 올바른 사용법

중앙대 김누리 교수는 칼럼에서 축구선수 이강인의 진짜 매력은 축구 실력이 아니라 그의 태도와 품성에 있다고 소개했다. 다들 '잘 뛴 선수'에게 주목할 때 이강인은 인터뷰에서 '안 뛴 형들'을 언급했다며, 공동체의 '가장 약한 고리'를 먼저 염려하는 성숙함을 지닌 선수라고 소개했다. 김 교수는 야만의 한국 사회를 적나라하게 지적하면서, 야만의 근본적인 이유로 '경쟁 교육'을 꼽았다. 그리고 좋은 공동체는 '안 뛴 형들',

'소외된 동생들', '약한 이웃들'이 모두 함께 행복할 수 있는 곳이라 정의했다.

이런 관점에서 보면 뉴스를 장식하는 각종 아빠, 엄마 찬스는 반(反)교육적이며, 반공동체적이다. 부모가 자식을 위해 아낌없이 주고 싶은 마음이 얼마나 간절하고 진실한지 모르는 사람은 없다. 그렇기에 그 마음은 어느 것보다 더 정당하고 떳떳하게 발현돼야 한다.

나도 아빠 찬스가 있었다. 초등학교 3학년, 당시 비디오카메라가 별로 없을 때 아빠는 나의 학예회를 찍으러 학교로 방문했다. 그리고 우리 반뿐 아니라 다른 반들의 학예회 모습도 찍어 학교에 주셨다. 고등학교 축제 때 내가 속한 동아리에서 공개토론을 한다는 전단지를 아빠의 사비로 제작했다. 나의 아빠 찬스는 오직 딸만이 아니라, 딸이 속한 공동체를 위해 늘 쓰였다.

언젠가 〈유 퀴즈 온 더 블록〉 방송에서 유재석 아들의 생일을 스태프들이 축하해주자, 유재석이 "수많은 어린이 가운데 한 아이의 생일일 뿐이에요"라며 머쓱해 하는 모습을 봤다. 그걸 보고 유재석은 건강한 어른이라고 생각했다. 남의 아이가 나의 아이만큼 귀할 수는 없지만, 남의 아이는 나의 아이와 함께 살아가는 이 땅의 동행자들이다. 그 정도 마음으로 귀하게 여기고 살핀다면 아빠 찬스는 어른의 찬스가 될 수 있다.

아이가 학교에서 가족사진을 가져오라거나, 부모님께 편지를 써야 하는 종류의 숙제를 할 때면 마음 한편이 서늘해진다. 정상 가족이라 부르는 가족이 아닌 아이들은 이럴 때마다 어떡할까. 혹시 한 부모 가정과 조손 가정은 또 어찌할까. 가벼운 아토피로 피부를 자주 긁는 아들을 볼 때마다 이렇게 마음이 아픈데, 구호단체 광고에 나온 극심한 피부병에 걸린 아들 또래의 아이를 보고는 급하게 화면을 껐다. 차마 볼 수 없었기 때문이다.

나는 여전히 내 행복이 무엇보다 소중하며, 남의 암보다 내 감기가 더 아픈 사람이다. 하지만 살면서 조금씩 깨닫는 중이다. 내 친구와 내 동료의 행복과 안전이, 그리고 때로는 생면부지의 누군가의 일상이 나의 것만큼이나 소중하다는 것을. 그리고 타인의 것을 인정하고 지키는 것이 결국 나를 지켜내는 것이라는 걸 말이다. 함께 행복하는 것이 내가 가장 안전하고 오랫동안 행복할 수 있는 비법이다.

Part 5.

태도가 변하면
삶이 된다

좋은 태도로 채워야

좋은 어른이 된다.

흔적은 있지만 보이지 않는 노동이 있다

나이 든 여성을 대하는 태도

'어른'이라는 단어보다 '엄마'라는 단어가 주는 힘이 더 세다. '어미'라는 두 글자가 주는 묵직함은 부르는 자나 듣는 자나 동일하다. 특히 엄마 앞에 '한국'이 붙으면 더 그렇다. 엄마라는 단어에 눈물부터 나는 건 한국 사람 뿐이라는 이야기를 들은 적이 있다. 엄마라는 단어 속에 헌신, 희생, 따뜻함, 사랑 등이 담겨 있는 건 세계 공통이겠지만, 분명 한국 엄마들의 삶에는 영혼과 육체를 간 헌신과 희생이 한 스푼, 아니 열 스푼 더 들어가 있음이 분명하다.

한국 엄마들, 특히 노인 여성의 노동을 조명한 〈우리가 명함이 없지 일을 안 했냐〉는 경향신문의 기획기사였다. 내 주변의 딸들은 하나도 빠짐없이 "이 기사 봤어?"라고 서로 물었다. 다 자신들의 엄마 이야기임을 알았기 때문에 딸들의 심금을 울린 것이다. 이 기사의 첫 면엔 54년생 손정애 씨의 뒷모습이 크게 실렸는데, 앞치마를 질끈 동여매고 일을 준비하는 모습이 마치 전쟁터에 나가는 장수 같기도 하고 스파링에 올라가는 운동선수처럼 보이기도 했다.

나의 엄마는 전쟁 직후 태어나 산업화, 외환 · 금융위기, 그리고 코로나19까지 겪은 어마어마한 세대다. 물론 아빠 세대 역시 그러하다. 그런데 큰 차이는 역사의 굴곡 속에 영웅과 주인공으로 기록된 이름의 대부분은 남자들이라는 점이다. 안사람, 집사람으로 불리는 여성들은 정말 집 안에서 살았을까. 그렇지 않다.

82년생 김지영의 엄마, 54년생 아무개

이 기사는 54년생 여성들을 집중적으로 조명했다. 1954년, 32만 명의 딸들이 태어났다. 물론 더 많은 아이가 출생했겠지만, 전쟁 직후여서 죽는 아이도 많았고 출생신고 역시 정확하게 이뤄지지 않았다. 탄생 역시 제대로 기록되지 않은 세대였다. 그리고 54년생이 6학년이던 1966년, 4천 40명의 여학생이 국민학교를 중퇴했다. 가장 많은 이유는 '빈곤'. 국민학교 졸업생 절반이 중학교를 가지 않았고, 고등학교를 졸업한 여학생의 수는 입학생 수에서 반토막이 났다. '장남에게 부담 주지 말아라', '남동생에게 양보해라', '집안 형편이 어려우니 거들어라' 등의 이유였다.

딸들이 손쉽게 갈 수 있는 곳은 공장이었다. 딸들은 대한민국 산업화의 퍼즐이었고 부품이 됐다. 운 좋게 고등교육을 받고 원하던 직장에 취직을 했더라도 결혼과 동시에 당연히 전업주부가 됐다. 역시 그녀들도 남편 삶의 퍼즐 한 조각이자 부품으로 살았다(〈경향신문〉 '[젠더기획] 1954년 32만명의 딸들이 태어났다' 참조).

이건 노인 여성들의 노동문제가 아니다. 우리 엄마들의 인생 궤적이다.

원조 N잡러, 성미 씨

나의 시어머니인 성미 씨는 고등교육을 받은 부모를 뒀지만, 일찍이 전화국에서 일했다. 24세에 재단사 남편과 결혼해 1980년대 의류제조업이 호황기일 때 옷 공장까지 운영하며 제법 큰 사업을 했다. 그러면서 동시에 시부모를 모셨다. '모셨다'는 우아한 말 속에는 시집살이를 온몸으로 받았다는 처절한 드라마가 담겨 있다. 그리고 아들 둘의 육아도 함께 했다. 여기서 '함께'는 'with husband'가 아니라 사업, 시부모 봉양,

육아를 동시에 혼자서 했다는 말이다. 원조 프로 N잡러가 아닐 수 없다.

한국의 의류제조업이 쇠퇴함에 따라 옷 공장도 문을 닫았다. 성미 씨가 손쉽게 다시 시작할 수 있는 사업은 요식업이었고, 뷔페를 운영했다. 여기서 '운영'에는 경영, 관리, 음식 조리, 식당 청소까지 모든 것이 담겨 있다. 하지만 이전의 공장도, 뷔페도 대표의 이름은 남편이었다. 사업이 어려워지면서 남편도 건강을 잃었고 1년간의 투병 끝에 성미 씨는 남편을 보냈다. 남편의 간병도, 남은 부채도 성미 씨 몫이었다. 나이 들면 봉사하고 싶어 따놓은 요양보호사 자격증이 성미 씨에게 다시 새로운 직업을 갖게 해줬다. 일흔이 넘은 그녀는 지금 요양보호사다.

어머니의 지나온 삶을 들을 때마다 "어머니, 정말 멋져요. 자랑스러워요"라고 존경과 찬사를 보내지만 성미 씨의 20대, 30대, 40대, 그리고 50~60대에 나를 대입해보면 눈물부터 난다. 수많은 성미 씨인 그녀들이 어떻게 자신의 삶을 멋있다고 생각이나 할 수 있겠는가. 그러기엔 지나온 세월이 너무 척박했고 피곤했다.

나의 엄마 영화 씨는 간호사였지만 결혼 후 직장을 그만뒀다. 이후 양육과 가사노동으로 일생을 보내고, 이제 일하는 딸의 아이들을 돌본다. 오늘 내가 이 글을 쓰고 있는 이 시간도 엄마의 도움 없이는 불가능하다. 어쩌면 나의 엄마는 죽을 때까지 아이 양육과 가사노동에서 벗어나지 못할지 모른다.

이렇게 어미의 시간을 먹고 딸들은 어른이 됐다. 82년생 김혜민의 어른의 삶은 54년 딸들에 비해 풍요롭고 행복하고 쉽다. 빚을 진 것이다. 그러니까 지금이라도 어른이 된 54년생 딸들이 그들의 삶에 의미를 부여하는 작업을 시작해야 한다.

54년생 딸들의
사랑력과 우정력을 찾아서

> 오래되어도 생기를 잃지 않는 장소들이 있다. 그곳은 날마다 자기 자신과 일과 도구를 가꾸는 사람들의 공간이다. 존자 씨의 찬장 속 그릇이나 영애 씨의 실뭉치나 혜옥 씨의 서류함이나 경연 씨의 인쇄기나 순덕 씨의 유니폼에서도 비슷한 생기를 느낀다.
>
> – 이슬아, 《새 마음으로》 중에서

MZ세대에서 가장 핫한 이슬아 작가는 《새 마음으로》라는 인터뷰집에서 유명한 사람이 아닌, 묵묵하게 자기 인생의 숙제를 풀어온 일곱 명의 노동자들 이야기를 담았다. 그중 절반은 아파트 계단 청소노동자, 응급실 청소노동자, 수선집 사장님, 농부인 노인 여성 노동자였다. 이슬아 작가는 나와의 인터뷰에서 이렇게 말했다.

> 이들의 삶은 주로 노동문제, 인권문제로 시사 잡지 르포기사로 딱딱하게 다뤄지잖아요. 그런 기사 안에는 이분들의 개인적인 기질이나 사랑하고 우정하는 능력 같은 것은 누락될 수밖에 없으니까요. 저는 이분들의 사랑력, 우정력 같은 드라마를 제외하지 않고 싶었어요.
>
> – 이슬아, 〈김혜민의 이슈&피플〉 인터뷰 중에서

경향신문 기사에 나온 엄마들도, 이슬아 인터뷰집에 나온 엄마들도 그리고 나의 엄마들도 인생에 도망가지 않고 맞서 싸웠다. 소중한 것을 지킨 삶이기 때문에 사랑력, 우정력 그리고 생명력을 가질 수 있었다. 이것이 바로 피곤한 삶에서도 생기를 잃지 않는 비법이다.

물론 어른의 삶은 정도의 차이가 있을 뿐 모두 힘들다. 어른이 살기에 편했던 세상은 단 한 번도 존재하지 않았다. IMF에 어른이 된 사람들, 그리고 '4포 세대'에 어른으로 사는 지금 청춘들은 "이 시대가 내 꿈을 뺏었다"고 외칠 수 있다. 그러나 54년생 딸들의 시대는 꿈을 꿀 수조차 없었다. 하지만 주어진 시대는 조건일 뿐, 자기 삶을 가꾸며 스스로 만들어왔다. 생존이 꿈이었다면 그들은 그 꿈을 완벽하게 이뤘다.

물어봐 줘서 고마워요

이 기사를 기획한 경향신문의 장은교 기자는 인터뷰 초반에는 "내가 뭘했다고… 나 한 거 없어요"라는 말로 취재를 많이 거절당했다고 했다. 하지만 인터뷰를 하면 할수록 인터뷰이들은 깨달았다.

"이야기해보니, 나 정말 일 많이 했네. 나 멋있네. 나 없었으면 우리 집 안 돌아갔네."

생존만이 아닌, 자신의 삶의 이유에 대한 자각이 이뤄진 것이다. 그리고 그들은 이렇게 인사했다. "내가 그동안 해온 일에 대해 물어봐 줘서 정말 고마워요"라고. 장 기자는 어른들이 자부심을 찾아가는 여정에 함께 했다는 것만으로 보람 있었다는 소회를 밝혔다.

요즘 어르신들 사이에서는 자서전을 쓰는 것이 유행이다. 당신 주변의 어르신, 특히 여성이 있다면 그들의 인생에 대해 물어보라. "아이고, 할 말이 뭐 있어. 다 똑같이 살았지"라고 손사래를 친다면 그 손을 잡아 어르신 가슴에 살포시 올려두고 물어라. 당신의 인생은 어땠냐고. 그들의 인생의 궤적을 쫓아가다 보면 한 사람이 살아온 어마어마한 생이 당신 앞에 당당히 설 것이다.

진짜 금수저

부모의 욕심을 대하는 태도

“네 새끼, 너나 이쁘지”라는 말을 늘 새기지만, 내 새끼는 정말 이쁘다. 이 세상 어디에도 나보다 더 잘 되기를 원하는 대상은 자식 말고는 없을 것이다. 그러기에 자식의 미래를 위해 희생도 마다하지 않고, 더 나아가 불법도 저지르는 게 부모라는 존재다.

몇 년 전 조국 전 장관이 쏘아올린 작은 공의 타격력은 실로 대단했다. 정치판은 물론, 입시 문제를 넘어 우리 사회 공정 논란의 촉발점이 됐다. 조국은 금수저 아버지의 심볼이 됐고, 조국의 자녀들은 아버지를 잘 만나 꽃길만 걷는 전형적인 금수저가 됐다. 물론 조국 전 장관의 이야기만은 아니었다. 이후 윤석열 정부의 내각 인사들도 줄줄이 금수저 아빠 뽐내기 대회에서 금메달감이었다.

“목동의 아들딸들아. 아빠가 조국이 아니어서 미안하다.”

조국 전 장관 논란이 한창일 때 목동의 한 아파트에 붙은 현수막 글귀다. 목동은 강남과 함께 학구열이 높은 지역으로, 아마도 이곳 대부분의 아이들은 부모로부터 공부는 물론 여러 면에서 충분히 지원받고 자라고 있을 것이다. 그런데도 어른들은 "너희보다 더 누린 사람들이 있단다. 그만큼 못해줘서 미안하다"고 사과했다. 이것이 과연 사과할 일인가. 내가 만약 목동의 부모였다면 목동의 아들딸들에게 사과하는 대신, 그들이 누리고 있는 것들과 의무와 책임을 짚어줬을 것이다.

내가 자녀교육에서 가장 크게 신경 쓰는 부분은 아이의 자존감 형성이다. 아이러니하게도 자존감 교육의 가장 기본은 나의 없는 것을 왜곡 없이, 편견 없이 인식하는 것이다. 그러면 나의 있는 것에 감사하게 되고, 없는 것들 속에서 행복도 찾게 된다. 자연스레 인생의 어려운 시기를 만나면 삶을 포기하는 게 아니라 삶을 돌아보는 선택을 할 수 있다. 그래서 나는 내 아이에게 행한 나의 실수와 잘못된 판단을 아이들에게 사과할 때는 있지만, 우리가 갖지 못한 것들에 대해서는 사과하지 않는다. 그럴 시간에 가지고 있는 것에 감사하고 의미를 찾는다.

부모는 주어진 것을 책임감 있게 누릴 수 있는 태도를 알려줘야지, 주어진 것 이상을 주지 못해 사과해서는 안 된다. 그런 부모는 자녀에게 꽃길을 깔아 주는 것이 아닌 갑질의 대명사 조현아, 조현민으로 자녀를 키우는 것임을 명심해야 한다.

내가 누리던 것의 포기는
새로운 길의 시작이다

자신의 가난과 현실을 자식에게 물려주지 않기 위해 죽을 힘을 다해 사는 부모의 모습은 우리나라 문학과 영화, 드라마의 단골손님이다. 드라마 〈우리들의 블루스〉에서 차승원(최한수 역)은 가난 때문에 농구선수의 꿈을 접고 은행원이 됐다. 그리고 골프 천재인 딸의 뒷바라지를 위해 집도 팔고, 주변 사람들에게 빚도 지며 척박한 인생을 산다. "더 이상 골프를 해도 행복하지 않아. 한국으로 돌아갈래"라고 말하는 딸의 의사를 한수는 강력하게 반대한다. 자신의 무능력으로 딸의 꿈을 포기하게 하고 싶지 않았기 때문이다. 그러나 사실 그는 무능하지 않다. 은행 지점장이며, 성실하고 착한 가장이다.

나는 한수의 헌신이 자녀를 위함이 아닌 자신을 위한 욕심으로 보였다. 제발 자신이 할 수 있는 범위를 넘어 아이의 꿈을 이뤄주고 싶은 아빠의 욕심이 거룩하다고 하지 말자. 책임질 수 없는 일에 집착하다 보면 가족 구성원 어느 누구도 행복하지 않다. 결국 딸의 꿈을 이뤄주고 싶다는 자신의 꿈을 접은 한수는 생각지도 못한 해방감과 편안함을 느낀다. 한국으로 돌아온 가족들을 태우고 아무 계획도 욕심도 없이 함께 여행을 떠난다. 아빠는 딸에게 천재 골프선수의 삶을 만들어 주지는 못했지만, 행복하게 골프를 치는 인생을 선물했다.

내 동생은 중학교를 졸업하고 미국으로 유학을 떠났다. 대학에 갓 들어가자마자 아빠가 뇌경색으로 쓰러져 더 이상 동생의 유학을 뒷바라지할 수 없었다. 동생은 급하게 귀국했고, 그가 선택할 수 있는 것은 입대뿐이었다. 더 이상 아버지의 그늘 아래에서 지원을 받지 못할 현실을 아버지도 아들도 받아들였다. 그리고 아들은 스스로 자신의 인생을 만들어가기 시작했다. 단 한 번도 돈 걱정을 하지 않았던 아들은 새벽에 마트에 나가 아르바이트를 하고 학자금 대출을 받아 환경공학박사가 됐다.

변화는 나에게도 찾아왔다. 신의 배려인지 장난인지, 아빠가 쓰러지자마자 나는 취업을 했고 우리 집 가장이 됐다. 부모의 병과 집안의 경제적 어려움이 어떤 의미인지 절감했고, 이전에는 잘 알 수 없었던 사람들의 고통과 슬픔에 공감하게 됐다. '만약 우리가 계속 아빠 덕을 보고 살 수 있었다면 우리는 어떠했을까'라는 의미 없는 가정법은 동생도 나도 갖지 않는다. 뇌경색의 흔적으로 남은 아빠 몸 왼쪽의 장애는 아빠가 살아있다는 표증이며, 변화된 조건 속에서 자신의 삶을 성숙하게 지어나간 나와 동생이 부모님 삶의 훈장이니까. 나는 부모에게 이미 많은 것을 받았다.

범죄를 물려주는 부모 vs. 포기를 보여주는 부모

2019년 국세청이 주식과 부동산 부자인 미성년자 금수저의 탈세를 세무조사한 결과를 보면, 한 엄마는 시아버지로부터 5억 원을 증여받아 매입한 고금리 회사채를 열다섯 살 자녀 명의의 계좌에 입고하고 증여세를 내지 않았다. 한 아빠는 병원에서 빼돌린 자금 10억 원을 다섯 살짜리 자녀의 증권계좌로 이체해 상장 주식을 무더기로 매수했다. 증여세 탈루 혐의가 짙은 고액 자산가 268명 중 절반이 훨씬 넘는 151명이 부모로부터 돈을 받아 예금이나 주식을 보유한 미성년자들이었다. 이들이 자녀에게 물려준 것이 과연 금수저일까? 아니다. 미성년자 자녀에게 증여세 탈루라는 범죄 혐의를 물려준 것이다. 편법으로 대학 가고, 병역 면제받고, 회사에 들어가는 것 역시 부모의 범죄로 자녀 인생을 얼룩지게 하는 것이다.

나는 내가 가진 것으로 범죄를 물려주는 부모가 아닌, 내가 가지지 못한 것으로 포기를 알려 주는 부모가 되고 싶다. 소유로만 삶을 누리는 어른이 아닌, 나의 결핍을 끌어안음으로 누리는 해방감을 증명하고 싶다. 그리고 이런 삶의 태도를 나의 자녀들에게 물려주고 싶다. 그러니 우리 아이들은 금수저임이 분명하다.

자전거로 배우는 인생력의 비밀

인생력을 대하는 태도

나의 버킷리스트 중 하나는 네 식구가 함께하는 자전거 라이딩이었다. 연우가 열 살, 연서가 여덟 살이 되며 마침내 꿈이 이루어졌다. 두발자전거를 배운 아이들과 처음으로 함께 안양천을 건너 한강 변으로 자전거를 타고 간 날, 나는 표현할 수 없는 마음이었다.

'내가 잘난 척하며 아이를 가르칠 수 있는 일이 또 하나 줄었구나.'

두발자전거까지 가르쳐주고 나니 이제 더 이상 아이들이 전적으로 나에게 의지하며 배울 수 있는 건 없다는 생각이 들었다. 자전거를 가르쳐 주는 나의 모습은 어릴 적 나에게 자전거를 알려주던 아빠의 모습을 추억하게 했다. 아빠는 이후에도 지금까지 나에게 끊임없이 무언가를 알려주고 있지만, 자전거만큼 아빠가 나를 가르쳤던 시간이 명확하게 기억나는 건 없다. 처음 두발자전거에 올라타는 심정은 외줄 타기 하는 것처럼 불안하고 무섭다. 오직 의지할 것은 자전거를 알려주는 사람의 말과 내 자전거 뒤를 붙잡아 주는 그의 손힘뿐이다.

그래서 아이의 자전거 뒤를 꽉 잡던 손을 살며시 놓고 아이가 혼자서 자전거를 타고 내 시야에서 점점 멀어졌을 때 코끝이 찡해졌던 것 같다. 나 하나 믿고 이 세상에 태어난 우리 아이가 이만큼 컸구나. 아이의 성장이 가시화되는 순간이었다.

멀리 보는 기술

첫 라이딩을 나선 아이들은 겁은 나지만 손잡이를 꼭 잡고, 힘차게 페달을 밟았다. 있는 힘껏 달려 나가는 자전거족들 틈바구니에 작은 아이 둘이 요리조리 자전거를 타고 지나가는 모습이 어른들이 만들어 놓은 세상을 힘겹게 살아내는 아이들의 모습처럼 보였다. 어떤 어른들은 속도를 줄이며 다정하게 길을 비켜줬고, 어떤 어른들은 "어이! 나와, 나와" 소리치며 속도를 올렸다. 아이들은 때론 기가 죽기도 하고, 때론 힘을 얻으며 묵묵히 자전거를 탔다.

나는 달리는 아이들 뒤에서 "멀리 봐. 그래야 안 넘어져"라고 외쳤다. 바닥을 보거나 시야를 좁게 보면 어김없이 자전거는 비틀거린다. 자전거가 익숙해진다는 건 멀리 보고 안정적으로 달리면서 동시에 주변 풍경들을 눈에 넣을 수 있게 되는 것 아니던가. 마침내 두세 번의 라이딩 끝에 아이들은 "엄마, 풍경이 예쁘지?"라는 말을 건넸다.

인생도 그렇다. 인생 속에 일어나는 수많은 일에 일희일비하는 게 아니라, 이 폭풍이 지나가기를 기다리며 멀리 떨어져서 관조할 때 인생력(人生力) 지수가 상승한다. 살다 보면 인생력 지수를 상승시킬 수 있는 기회가 생긴다. 나도 몇 번의 인생력 지수가 올라간 계기가 있었는데 모두 간절히 원하는 일들이 좌절됐을 경우였다. 물론 처음부터 쿨하게 팔짱 끼고 "그럴 수도 있지" 하며 멀리 봤던 것은 아니다. 몇 번의 경험으로 지나 보니, 그 일이 퍼즐의 조각처럼 내 인생의 풍경을 만들어낸다는 것을 체험한 후부터다. 이 경험의 유무에 따라 어른의 삶은 너무나 달라지는 것을 여러 번 목격했다.

속도를 찾는 기술

자전거에 익숙해진 열 살 남자아이의 자전거 속도를 따라잡기란 쉽지 않다. 나도 연우를 따라가다가 기절할 뻔했으니, 여덟 살 동생은 말할 것도 없다. 약도 오르고 힘도 든 연서는 결국 화를 내고 짜증을 내더니 어느 순간 오빠 따라잡기를 포기했다. 이후 오빠가 미사일처럼 튀어가든지 말든지, 시야에서 사라지든지 말든지 자기 속도로 자전거를 굴리기 시작했다. 그때부터 연서는 편안하게 자전거를 즐기기 시작했다. 전에는 몇 번을 쉬다 가자던 아이가, 먼저 달리는 오빠를 인식하지 않은 후부터는 한 번에 쭉 목적지까지 갔다.

"엄마. 괜히 오빠 쫓아가려고 했나 봐. 이게 훨씬 재밌고 편안한데 말이야."

이 말을 딸아이가 커서도 계속 했으면 좋겠다고 생각했다. 생각해보면 우리는 얼마나 쓸데없는 일에 힘을 주고 사는가.

최불암 시리즈 중 한 이야기다(제발 책을 덮지 마시길. 읽다 보면 얼마나 엄청난 이야기인지 알 것이다). 최불암이 친구들과 '똥침 참기 대회'를 갖는다. 참가자들이 모두 이를 악물고 아픈 똥침을 참아낸다. 그리고 마지막 최불암 차례. 최불암을 쿨하게 말하고 자리를 뜬다. "내가 졌어. 나는 아픈 거 안 참을래."

다른 버전도 있다(제발 책 덮지 마시길). 최불암과 친구가 짜장면을 먹다가 단무지가 1개 남았다. 서로 먹겠다고 싸우다가 친구는 최불암에게 똥침을 참는 사람이 단무지를 먹자고 제안한다. 그리고 친구는 어마어마한 파워로 찌르는 똥침을 맞고 "이제 네 차례야"라고 말한다. 그때 최불암이 외친다. "여기 단무지 하나 더 주세요." 그냥 단무지 달라고 하면 되는데, 미련하게 단무지 1개를 가지고 싸움을 건다. 똥침을 참지 말고 그냥 지면 되는데, 멍청하게 이기겠다고 그걸 참는다. 아무도 시키지 않았는데 말이다.

이 이야기를 언제 들었는지는 모르겠지만 꽤 오래됐을 텐데도 내 머릿속에 이렇게 명확하게 남은 것을 보면 나에게 큰 가르침을 준 유머임이 분명하다. 이건 유머가 아니라 철학이다. 실제 나는 쓸데없는 일에 비교적 경쟁하지 않는다. 내 속도와 내 에너지로 내가 일을 컨트롤 하는 것이 훨씬 효율적이다. 자전거 페달을 밟는 빈도와 강도로 속도를 스스로 조절할 수 있는 것처럼 말이다.

인생살기와 꼭 닮은
두발자전거 타기

내면을 다스리는 법 중에 '건포도 명상'이라는 것이 있다. 건포도 봉지를 뜯어서 한두 개 먹다 보면 어느 순간 다 먹고 건포도 봉지가 비어있는 것처럼, 일상생활을 하다 보면 어디에서 무얼 하는지, 어떤 감정 가운데 빠져있는지 모르고 돌아가는 자동조정 모드에 빠져있을 때가 있다. 오빠 쫓아가겠다고 자전거 타는 목적과 재미를 잃어버린 우리 둘째처럼 말이다. 단무지 달라고 하면 될 것을 끝내 피를 보고만 최불암 친구처럼 말이다.

이때 "레드썬"하고 스스로 깨어나는 것이 중요하다. 아무 생각 없이 건포도를 꺼내먹던 행동을 멈추고, 건포도 한 알을 들고 처음 건포도를 먹듯이 '아, 정말 이 건포도 신기하다'라고 인식하는 것이 건포도 명상의 핵심이다.

네발로 기어가다 두발로 서는 존재가 인간이다. 안정적인 네발자전거에서 불안정한 두발자전거로 갈아타는 것이 인생이다. 오르막길에는 몸을 앞으로 쏟고, 있는 힘껏 발바닥에 힘을 주고 달리고, 내리막길에는 페달에서 발을 떼고 브레이크로 속도를 조절하며 내려오고… 자전거 타는 일은 인생을 사는 법과 많이 닮았다. 그래서 두발자전거를 깨우친 아이들이 이제 막 인생의 경주에 진입했다는 생각이 들어 그렇게 눈이 시렸던가 보다. 내 아이들과 어른들의 안전한 자전거 타기와 인생 타기를 소망한다.

인생의 MSG를 거둬라

내 인생을 진짜로 대하는 태도

진한 아이섀도와 립스틱, 블러셔까지 즐겨하던 나였지만, 40대가 돼서부터 색조 화장을 거의 하지 않는다. 화려한 색감으로 얼굴을 꾸미는 대신 나이 들며 점점 모호해져 가는 얼굴선과 옅어지는 인상에 윤곽을 주는 화장법으로 바꿨다. 잡티 하나 보이지 않도록 꼼꼼하고 진하게 파운데이션을 바르는 대신, 기미 주근깨가 투명하게 보이도록 가벼운 피부화장을 한다. 과하게 얼굴을 꾸미는 앱으로 사진을 찍는 일도 부담스러워졌다. 앱 속의 내 모습이 내가 아님을 나도 알고 당신도 아는 마당에, 아무 의미 없다는 것을 깨달았다.

과장된 에피소드를 이야기하면 "에이, MSG 친 거 아냐?"라고 반응할 때가 있다. 웃기고 싶은 욕심에 원래 스토리보다 훨씬 자극적이고 감각적으로 이야기를 바꾸는 것이다. 나의 말과 행동에 MSG를 칠 때는 보통 기가 죽고 싶지 않거나, 나 자신을 포장하고 싶을 때다. 그래서 아무 말 대잔치처럼 조미료 친 말들을 쏟아내지만 부끄러움은 나의 몫, 허무함과 창피함만 남는다. 인생의 MSG가 허풍이나 의미 없는 말만을 의미하는 것은 아니다. 본캐가 아닌 부캐가 MSG가 될 때도 있고 직함, 학벌, 통장 잔고 등이 나의 MSG가 되기도 한다.

MSG는 심심한 음식 맛을 감칠맛 나게 할 수 있지만, 식재료와 음식 본연의 맛을 느끼기 힘들게 하거나 음식 고유의 특색을 사라지게 할 수 있다. 인생의 MSG도 마찬가지다. 내 인생이 너무 괴롭고 어렵거나 지루하고 심심하게 느껴질 때 MSG를 치고 싶어진다. 하지만 인생에 MSG를 치면 현실을 제대로 볼 수 없고, 나에 대한 확신과 용기를 사라지게 한다.

가장 큰 장애물은 나였구나

자신의 형편에 대한 과몰입으로 삶에 대한 잘못된 해석을 할 때가 있다. 현실 본연의 맛이 너무 써 MSG를 친 것이다. 그러다 보면 슬픔도 아픔도 과장되게 다가온다. 내가 세상에서 제일 불행하고 불쌍하다. 15년 전, 아빠는 뇌경색으로 쓰러진 후 사업에 어려움을 맞았다. 그때 나는 아빠의 실패가 내 것처럼 여겨졌다. 아빠의 사업 재기를 몇 년 동안 기도했지만, 형편은 쉽게 나아지지 않았다. 왜 하나님이 내 기도를 안 들어주실까 원망도 했다.

그런데 어느 순간 그럭저럭 살아가는 내가 눈에 들어왔다. 그제야 내가 생각했던 '재기'와 신이 생각하는 '재기'는 다를 수도 있겠다고 깨달았다. 또한 그 재기가 아빠의 사회적 지위와 경제적인 회복이 아니어도 상관없겠다는 생각마저 들었다. 현실을 인정하니 아빠의 외적인 조건은 어른인 나에게 MSG였을 뿐, 진짜 내 인생은 아니라는 것을 알게 됐다.

무빙트립 신현오 대표는 팔다리 근육이 위축되는 희소병으로 휠체어로 이동을 한다. 신 대표는 휠체어를 타고 낮은 곳만 보는 장애인들에게 높은 광경을 보여주고 싶다는 마음으로 장애인을 위한 동력패러글라이딩 여행상품을 만들었다. 그는 창업 전 직접 동력패러글라이딩, 카누, 바다낚시, 스킨스쿠버, 서핑, 갯벌 체험, 캠핑을 경험하기도 했다.

처음부터 그랬던 것은 아니다. 네 살 때 희소병을 진단받아 스무 살이 되던 해부터 걸을 수가 없었던 그는 낙담한 채로 살아갔다. 그러던 중 그의 재활 운동을 돕던 교수가 그의 자취방으로 찾아와 저녁거리를 사 오라고 신 대표를 밖으로 내보냈고, 그때 신 대표는 '가장 큰 장애물은 나였구나' 하고 깨닫게 된다. 인생의 MSG가 거둬진 순간이다.

MSG를 거두면 어떤 것들을 얻을 수 있을까. 위스콘신대학교 심리학과의 캐럴 리프 교수가 꼽은 '건강과 행복을 유지하기 위한 내적 자원 6가지'는 조미료 없는 인생만이 가질 수 있는 복이다.

1. 다른 사람들과의 긍정적인 관계.
2. 자신이 잘 지낼 수 있는 환경을 만들거나 선택할 수 있는 능력.
3. 자신의 강점과 약점을 알고 스스로를 수용하는 태도.
4. 다른 사람들의 인정을 바라는 일 없이 스스로의 행동을 통제하는 자율성 혹은 독립성.
5. 전 생애를 통해 꾸준히 배우고 발전한다는 의미에서의 개인적 성장.
6. 상황이 극히 안 좋을 때에도 일상에서 의미를 추구하는 태도, 삶에 대한 열정과 방향성.

자신이 가장 외롭고 피곤하게 살았다고 생각했던 손녀가 할머니 등에 기대어 속삭인다.

"할머니. 나는 늘 혼자였고, 내 삶은 힘들었다고 생각했는데… 돌아보니 아니었더라고. 늘 나를 도와주고 응원해주는 사람들이 있었어. 운도 좋았고. 그런데 나만 내 인생을 형편없다고 생각했나 봐."

드라마 속 한 장면을 보면서, 내 삶과 주변을 있는 그대로 보기 시작하면 몰랐던 내 인생의 축복을 발견할 수 있구나 생각했다.

진짜 기적은 상황은 아무것도 달라지지 않았지만 문제를 바라보는 관점, 내 태도가 바뀌는 것이다. 나이가 들수록 인공 첨가물이 없는 음식을 먹어야 건강한 것처럼, 건강한 내 인생을 위해 지금 당신의 인생의 MSG를 거둬내라. 아무리 복잡해 보이는 현실도 상황과 감정으로 포장된 MSG를 다 걷어내고 나면 진짜가 보인다. 그 진짜가 나를 진짜로 살게 한다.

나의 퇴임사를 상상해 본다

마지막을 대하는 태도

마지막 출근. 회사 생활하면서 낯설었던 이 단어가 시간이 흐르니 익숙해진다. 신입 사원의 설렘보다 퇴직 사원의 두려움이 훨씬 마음에 와닿고, 신입 직원 입사 공시보다 퇴직 직원 퇴사 공시가 더 눈에 들어온다.

꽤 많은 퇴직 선배들의 은퇴식을 지켜봤다. 선배들 모두 덤덤한 척하지만, 목소리와 손은 세심하게 떨린다. 공통적으로 '덕분에'와 '감사'라는 단어가 가장 많이 나온다.

무엇이든 마침표를 찍는 순간에 뒤돌아보면 나 혼자가 아닌 누군가가 늘 곁에 있었음을, 그리고 그 사람들 덕분에 내가 있음을 깨닫는다. 마지막이 주는 선물인지 마법인지는 모르겠지만 그들을 향한 마음은 미움, 질투가 아닌 감사로 바뀐다.

꽃잎이 피고 지는 일이 동시에 일어나던 어느 봄날, 좋아하고 존경하던 선배가 퇴직을 했다. 그 선배의 퇴임사가 두고두고 마음에 남는다. 나는 이 퇴임사에서 마지막을 대하는 태도의 두 가지 중요한 문장을 발견했다.

퇴임합니다.
30대, 40대, 50대
시간의 모래밭에서 오아시스 같은 사람들을 만났습니다.
진심으로 감사드립니다.
부분적으로 불편했지만, 전체적으로 행복했습니다.
덕분입니다.
흔들릴 때마다 큰 힘이 돼 주셔서 진심으로 고맙습니다.
산 같은 믿음 늘 잊지 않겠습니다.
인생 2라운드, 지금까지 살아온 것처럼 앞으로도 그렇게
살아가겠습니다.
거듭, 진심으로, 깊이 감사드립니다.

부분적으로 불편했지만
전체적으로 행복했다

누구나 그러하겠지만 선배의 회사 생활도 희로애락, 영욕이 다 담겨 있었다. 함께 뜻을 만들어가던 이들에게 비난을 받

은 때도 있었고, 그들 때문에 자신의 의지와 상관없이 꿈을 내려놔야 하는 일도 있었다. 밉지 않았느냐는 질문에 선배는 남을 미워하는 일은 결국 자신을 파괴하는 일임을 깨닫고 미워하는 일을 그만뒀다고 했다. 제삼자, 남들에게 나의 억울함을 말하는 것처럼 부질없는 것이 없다는 걸 알고는 불평하는 일을 멈췄다고 했다.

그는 "불행과 좌절은 비례하더라. 일상 속에서 동료, 선후배와 만나고 헤어지고 그 과정에서 평생 갈 동지가 생기는 거지, 뭐"라고 말했다. 우리 모두는 그의 퇴임사처럼 시간의 모래밭에서 오아시스 같은 사람들을 만나며 황량한 직장 생활을 버티고 있다.

"부분적으로 불편했지만, 전체적으로 행복했다." 이 말을 들으며 조직 생활, 인간관계, 그리고 결국 인생이 이 한 문장으로 축약되지 않을까 생각했다. 나와 전혀 다른 사람들과 동행하는 삶이 어찌 불편하지 않을 수 있을까. 하지만 불편하나 불행하지 않았다라고 말할 수 있고, 전체적으로는 행복했다고 고백할 수 있다면 그것으로 족하다.

시작보다 마지막을 대하는 태도가 더 중요하다

세월이 지나면 시작보다는 마지막을 맞이할 일이 더 많아진다. 새로운 사람을 만나는 기회보다는 함께 하던 사람들과 헤어질 일이 더 많아진다. 사실 어릴 때는 잘 모른다. 그래서 헤어지는 일도, 마지막을 결심하는 것도 쉽고 쿨하다. 직장을 다니다가 마음에 안 들면 문자 메시지로 사직을 통보하는 일도 있다. 마음에 안 드는 인간이 있으면 '살면서 다신 너 안 보면 되지'라는 생각으로 쉽게 관계를 끊는다. 그런데 살아보면 내 친구의 친구, 친구의 언니, 친구의 언니의 남친, 친구의 언니의 남친의 엄마 등등 하나 건너 아는 사람들이 내 주변을 둘러싸고 있다.

그러기에 아무리 치사하고 더러워도 마지막은 잘 매듭지어야 한다. 이는 철학적인 조언이 아닌, 아주 실질적이고 현실적인 말이다. 이직할 때 꼭 필수인 평판 조회가 마지막을 왜 잘 마무리해야 하는지 알려주는 대표적인 예다.

어떤 사람도 하나에서 열까지 다 좋은 점만 혹은 싫은 점만 있을 수는 없다. 어떤 시간도 내게 100퍼센트 완전할 수도 잔인할 수도 없다. '부분적으로 불편했지만, 전체적으로 행복했다'는 누구에게도, 어떤 일에도 적용할 수 있는 대명제이다.

그러므로 마지막이 거칠 필요는 없다. 그 누구보다 나를 위해서 말이다.

지금까지 살아온 것처럼 앞으로도 그렇게

마지막을 대하는 태도를 완성하는 진짜 문장은 바로 "지금까지 살아온 것처럼 앞으로도 살아가겠다"는 다짐이다. 이 다짐 안에는 그동안 나의 지나온 시간을 긍정하는 마음과 순리를 거스르지 않고 다음 단계를 밟아가겠다는 의지가 모두 담겨 있다.

20대를 민주화 운동으로 보내고, 30~40대는 원치 않는 망명 생활로 프랑스에서 택시 기사를 한 홍세화 선생은 오십이 넘어 한국에 귀국한다. 그 당시 이 같은 경력이라면 그는 정치인으로 충분히 주류권에 편입할 수 있었지만, 홍세화는 아웃사이더의 삶을 자처한다. 왜냐하면 늘 아웃사이더로 살았기 때문이다. 홍세화는 사병은 나이를 먹어도 사병으로 남는다며, 자신은 끝까지 사병으로 현장에 남아있겠다고 다짐하고 일흔을 훌쩍 넘긴 지금도 활동가로 산다(나는 그의 꾐에 넘어가 그가 대표로 있는 난민단체와 시민단체 '소박한자유인'의 후원자가 됐다).

언젠가 그가 자신의 삶을 돌아보며 "피폐해졌으되 굴절되지 않았으니 얼마나 다행인가"라고 평가하는 모습을 보며, 살아온 대로 남은 삶을 살고 있는 사람만이 할 수 있는 말이라 생각했다.

살면 살수록, 한결같이 산다는 것의 가치가 더욱 빛나게 다가온다. 변화 많은 세상과 변수 많은 인생 속에서 처음 먹은 마음가짐과 태도를 가지고 산다는 것은 얼마나 가치 있고 어려운 일인가. 27년간 이주민을 돌보는 일을 한 목사님은 내게 '영성이 대체 무엇인가'라는 고민 끝에 영성은 변하지 않음, '한결같음'이라 결론을 내렸다고 했다.

"지금까지 살아온 것처럼 앞으로도 살아가겠다"는 문장을 퇴임사로 남긴 선배 역시, 언론인으로서의 정체성을 지키며 살고 있다. 대선철에 그의 이름 석 자가 필요하다는 곳에 이름을 빌려주지도 않았으며 기웃거리지도 않았다. 손녀를 돌보고, 꾸준히 해오던 블로그에 계속 글을 올리며 일상을 보내고, 언론인을 꿈꾸는 학생들에게 그동안의 경험을 흘려보내 주는 선생의 역할과 함께, 공정한 선거가 왜 중요한지 유튜브로 교육 영상을 찍는 등 자신의 궤적 안에서의 걸음을 걸어가고 있다. 소박하고 자연스러운 선배의 현재 모습이 언론인으로서 화려한 조명을 받던 시절보다 더 빛나 보이는 건 그의 '마지막을 대하는 태도' 때문이 아닐까? 나의 퇴임사도 생각해 봐야겠다.

죽음을 생각하는 것은 이롭다

죽음을 대하는 태도

드라마 〈도깨비〉에서 공유(김신 역)는 죽는 게 소원이다. 혼자 몇천 년을 살면서 사랑하는 사람들의 죽음을 지켜보는 일은 홀로 남은 자에게는 저주다. 나이가 들수록 TV나 책에서 나오는 누군가의 죽음을 지켜보는 일이 어렵다. 더 이상 남의 이야기가 아니라는 것을 알기 때문이다. 결혼식 초대장보다 부음 문자가 더 많아지면 나이가 드는 거라더니, 정말 하루가 멀다 하고 누군가의 부모님이나 당사자의 별세 소식이 들려온다. 떠나는 인생들을 보며 죽음에 대해 생각한다.

나의 죽음을 관찰해야 한다

불치병에 걸렸어도 폴은 온전히 살아 있었다. 육체적으로 무너지고 있었음에도, 활기차고 솔직하고 희망에 가득 차 있었다. 그가 희망한 것은 가능성 없는 완치가 아니라, 목적과 의미로 가득한 날들이었다.

- 폴 칼라니티, 《숨결이 바람 될 때》 중에서, 루시 칼라니티의 에필로그

서른여섯 살 때 나와 동갑내기 의사가 자신의 죽음을 기록한 책 《숨결이 바람 될 때》를 읽었다. 이 책은 내게 죽음은 숨이 끊어지는 생물학적인 현상을 넘어 내 이야기를 더 이상 써갈 수 없는 철학적이고 문학적인 현상이라는 것을 말해줬다.

저자 폴은 온몸에 암세포가 다 퍼져있는 상황에서도 마지막 7년 차 레지던트 생활을 해냈다. 그동안 죽음을 의학적으로만 다루던 폴은 의사의 본질을 깨닫는다. 의사의 의무는 죽음을 멈추거나 환자에게 예전의 삶을 돌려주는 것이 아니라, 삶이 무너져 버린 환자와 그 가족들이 다시 일어나 자신들이 처한 실존적 상황을 마주 보고 이해할 수 있을 때까지 돕는 것이라고 재정의한다. 이렇게 의사이자 말기 암 환자인 폴은 죽음을 결과가 아닌 인생의 과정으로 받아들이고, 그 과정을 잘 보내는 것이 잘 죽는 일임을 깨닫고 책을 쓴 것이다.

김지수 작가는 《이어령의 마지막 수업》을 쓰면서 죽어가는 이어령보다 죽어가는 이어령을 바라보는 이어령을 더 많이

발견할 수 있었다고 회고했다. 자신의 죽음을 관찰하며 사유하는 사람은 내가 왜 살았는지, 나의 일의 본령이 무엇인지 깨달을 수 있다. 그러면 부대끼면서가 아니라 여유 있게 자신의 마지막도 맞이할 수 있다.

죽음 이후의 삶도 이어질 수 있다

폴에게 죽음을 관찰하는 자가 누리는 깨달음을 배웠다면, 고 임세원 교수의 죽음은 나에게 죽음 이후에도 삶이 이어질 수 있다는 기적을 보여줬다. 임세원은 20년간 우울증과 불안장애를 치료해온 정신과 의사로, 자살 예방 교육프로그램 '보고 듣고 말하기'를 개발했다. 그는 2018년 12월 31일, 자신의 환자에게 불의의 사고를 당했다. 한 해의 마지막 날인 사고 당일, 진료가 일찍 끝났지만 임세원은 기꺼이 환자를 맞이했다. 그리고 극심한 조현병을 앓던 환자는 임세원에게 칼을 휘둘렀고, 이 과정에서 충분히 자신의 몸을 피할 수 있음에도 그는 동료를 먼저 피신시켰다(이후 그의 의로운 죽음이 증명됐고, 의사자로 선정돼 현재 그의 유해는 현충원에 있다).

분노와 절망이 가득한 이 사건 속에서 가장 큰 피해자는 임 교수의 가족들이었다. 하지만 가족들의 태도는 모두를 놀라게 했다. 장례식 마지막 날, 임세원 교수의 가족들은 이번 사건으로 의료진들이 안전한 환경에서 진료할 수 있는 환경을 만들어 줄 것과 마음 아픈 사람들이 진료를 받지 못하는 일이 없기를 간절히 바란다는 성명을 냈다. 이후 가족들은 조의금으로 임세원 재단을 만들어 남편과 아버지가 꿈꾸는 세상을 만들기 위해 노력하고 있다. 자신들의 절망과 슬픔보다 고인의 삶의 목적과 행적을 더 깊게 생각했기에 이런 결정을 내릴 수 있었다. 무엇보다도 그것이 나의 아들, 남편, 아버지 임세원을 계속 살게 할 수 있다는 것을 믿었기 때문에 할 수 있는 결단이었다.

이처럼 임세원 교수는 육신의 죽음을 맞이했지만, 지금도 그의 정신은 살아 있다. 그러기 위해서는 결국 살아남은 자들이 이 일들을 해야 한다.

임 교수는 생전에 SNS에서 도저히 사실이라고 믿기지 않는 상황의 심각한 환자들이 올 때면 다른 의사도 많은데 하필 나에게 왔을까라며 원망스럽기도 하지만, 이것이 나의 일이라고 되뇌면서 치유의 여정을 함께 한다고 썼다. 임세원의 죽음이 없었다면 더없이 좋았겠지만, 남은 사람들이 그의 죽음을 삶으로 바꿔 가는 일을 하고 있다. 이 일은 바로 임세원이 포기하지 않았던 치유의 여정과 꼭 닮았다.

구차하지만 빛나는 인생

어른이라면 죽음에 대해 진지하게 성찰하고 고민해야 하며, 죽음에 대한 자신만의 철학이 있어야 한다. 나는 사후세계와 부활을 믿는 기독교인이지만, 죽음에 대한 신앙적인 측면만 고민하고 싶지 않다. 죽음의 가치, 효능, 의미 등 다각도의 관찰과 고민을 하고 싶다.

최근 사랑하는 친구가 암을 선고받고, 받아들이고, 이겨내는 과정을 옆에서 지켜본 적이 있다. 내가 아는 누구보다도 자신과 타인 그리고 모든 인생을 긍정하던 지영은 갑자기 찾아온 죽음의 두려움에 당당하게 맞서 병마와 싸웠다. 암 선고를 받은 당일 서점에 달려가 관련 책을 사서 공부했고, 항암치료에만 몸을 맡기지 않고 자연치유와 대사치료 등 자신의 몸에 생기를 넣을 수 있는 여러 방안을 연구하고 실천했다. 이런 지영이 암 수술을 마치고 모두가 숨을 돌릴 때쯤 말했다.

"나는 지금이 더 힘들어. 이제 평생을 암과 싸우며 나 자신을 관리해야 하는 게 어느 때는 구차하게 느껴질 때도 있어."

지구상에 굶는 사람들이 하나도 없는 세상을 꿈꾸는 국제개발활동가 지영에게 자신의 삶을 이어 가는 데에만 온 신경을 다 쓰는 일이 그녀에게는 구차하게 느껴질 수도 있겠다 싶었다. 깃털처럼 살고 싶다는 그녀에게 암 덩어리의 흔적의 무게가 내가 생각한 것보다 훨씬 무거울지도 모르겠다. 앞으로 그녀의 삶을 대하는 태도와 생의 반경은 이전과는 다르게 펼쳐질 것임을 안다. 하지만 죽음을 목도하고 관찰한 지영이 앞으로 더 짙고 깊은 생을 살아낼 것 역시 자명하다. 그래서 나는 그녀의 구차한 삶이 더없이 빛나게 느껴진다. 죽음이 없다면 의미 없는 깨달음이다. 그리고 아주아주 시간이 많이 흐른 후에, 그녀가 정말로 죽음을 맞이하게 될 때, 아마 지영은 죽음을 담담하고 우아하게 받아들일 것이다. 생에 최선을 다하는 사람은 죽음 역시 최선을 다해 맞이하기 때문이다.

죽음을 생각하는 것은 삶을 사는데 이롭다. 죽어보지 못했으니 이미 죽음을 준비해 본 경험이 있거나, 의미 있는 죽음으로 현재를 살고 있는 사람들의 인생을 관찰하자. 죽음이 결국은 삶의 완성형이라고 생각하면 나의 죽음의 순간을 상상하고 준비하지 않을 수 없다.

어느 순간, 떨어지는 꽃잎도 꽃이었음을 깨닫는 순간부터 화창하게 핀 봄꽃을 보며 떨어지는 꽃잎을 먼저 생각하게 됐다. 생보다는 죽음을 먼저 생각하게 되는 것. 나이가 들수록 어른이 꼭 가져야 하는 태도다.

에필로그

밥값하는 어른으로 살기 위하여

"배우로서 예술가로서 너는 책임이 있다. 네가 살고 있는 문화를 반영할 것, 그 문화를 위해 네가 받은 것을 어떻게든 되돌려줄 것, 풍부한 정치적 지식을 가질 것, 이 세상이 어떻게 돌아가는지 이해할 것, 그리고 자신을 위해 말 못하는 사람들을 위하여 일할 것."

'헐크'로 유명한 배우 마크 러팔로의 인터뷰에서 본 글을 써서 책상에 붙여놨다. 직업인으로서의 사명을 잘 나타낸 문장이라 생각했고, 피디로서 갖고 있는 나의 사명과 결이 비슷했기 때문이다.

최근 몇 년 동안 보건복지부 장관상, 국무총리표창 등 크고 작은 상들을 받았다. 그때마다 나는 '밥값'이라는 단어를 소감에 담았다. 내가 자원봉사자도 아니고, 생을 다 걸고 일을 하는 것도 아니며, 월급 받으며 하는 나의 일일 뿐인데 이 일로 칭찬 받고 상을 받는 일이 거저먹는 것 같아 쑥스럽고 부끄러웠기 때문이다.

그래서 나는 요즘 '밥값'을 하려고 노력한다. 나의 생업과 내 통장에 찍히는 내 월급이 부끄럽지 않기 위해, "피디님", "엄마", "혜민아"라고 누군가에게 불리는 것이 쪽팔리지 않기 위해, 내가 어떻게 살아야 하는지 고민한다.

이 책은 밥값에 대한 나의 고민의 결과다. '김혜민'이라는 사람이 존재하기 위해 함께 해준 수많은 사람들, 한 번도 만난 적 없지만 연결돼 있음을 느끼는 눈에 보이지 않은 사람들에 대한 나의 감사며 찬사다. 그리고 나만 잘 먹고 잘사는 꿈이 아닌, 우리가 함께 사는 것을 꿈꾸는 이 땅의 수많은 어른들에게 내미는 나의 손이다.

아무리 어른 같은 어른이 없다지만, 사실 나는 훌륭한 어른들을 많이 만났다. 부족한 나를 위해 기꺼이 추천사를 써 준 수많은 어른들 덕에 좋은 어른이 되고 싶다는 꿈을 꾸게 됐다. (박용만, 정재찬, 김지수, 박상규, 박준, 이슬아 님에게 감사와 사랑의 인사를 전한다.)

글을 쓰는 동안 사실 나는 우울감에 시달렸다. 우울함의 근원은 아직 오지는 않았지만 반드시 올 일에 대한 두려움이었다. 부모의 병과 죽음, 가족의 죽음, 나의 노화 그리고 나의 죽음, 더 이상 내 품에 있지 않을 아이의 성장, 언젠가 끝날 나의 노동, 사회적 관계, 인정 등의 상실이 갑자기 불안으로 다가왔다. 하지만 생각해보면 사계절 중 춥지도 덥지도 않아서 즐길 수 있는 날들은 며칠 안 되는 것처럼, 한 사람 인생에서 아무 일도 일어나지 않는 안온한 날은 얼마 되지 않는다. 어른이 된다는 건 앞으로 살면서 틈틈이 이어질 슬픈 일을 이겨내는 힘을 기르는 과정이 아닐까. 책을 쓰면서 이런 우울함과 두려움까지 받아들이게 됐다.

무라카미 하루키는 하루에 담배를 60개비나 피웠지만, 남은 인생을 소설가로 건강하고 온전하게 살고 싶어 달리기를 시작했다. 달리기는 동료도, 특별한 장비도 필요 없이 온몸으로 혼자 감당할 수 있는 운동이기도 하다. 하루키는 '적어도 끝까지 걷지는 않았다'라는 묘비명을 쓰고 싶다는 소원을 밝히기도 했다.

부끄러움이 가득한 세상, 그리고 앞으로 슬플 일들이 적지 않을 내 인생이지만 슬픔을 이겨내는 힘을 잘 길러 염치 있는 어른으로 인생을 잘 살아 보고 싶다. 그래서 '어른으로 사는 것을 포기하지 않았다'라는 말로 나를 설명하고 싶다.

살아가느라 애쓰고 수고하는 모든 어른들을 온 맘 다해 응원한다. 서로를 격려하고 일으켜 세우는 것 역시 어른의 태도다.

지금보다 괜찮은 어른

좋은 어른이 되고 싶은 내게 던지는 인생의 질문들

초판 1쇄 발행 2023년 1월 19일
초판 3쇄 발행 2023년 2월 15일

지은이 김혜민
펴낸이 전준석
펴낸곳 시크릿하우스
주소 서울특별시 마포구 독막로3길 51, 402호
출판등록 2018년 10월 1일 제2019-000001호
대표전화 02-6339-0117
팩스 02-304-9122
이메일 secret@jstone.biz
블로그 blog.naver.com/jstone2018
페이스북 @secrethouse2018
인스타그램 @secrethouse_book

ISBN 979-11-92312-35-4 03190